Frank Förster

Angst ist schlimmer als der Tod

Drei Jahre Gefängnis in Malaysia – ein Tagebuch

Verlag Schulte & Gerth Asslar

Für Ingeborg

Best.-Nr. 15 674
ISBN 3-87739-674-7
1. Auflage 1989

Umschlaggestaltung: Matthias-Grünewald-Verlag/Gisela Scheer
Titelfoto: Abendpost Nachtausgabe, Frankfurt/Main
Rückseitenfotos: Frank Förster (1),
Hubert Schöne, Bauer-Verlag, Hamburg (2)
Satz: Typostudio Rücker & Schmidt, Langgöns-Niederkleen
Druck und Verarbeitung: Ebner Ulm
Printed in Germany

Inhalt

Ich muß nicht sterben; ich darf weiterleben
und erzählen, was der Herr getan hat.
Der Herr hat mich hart angefaßt, doch vor
dem Tode hat er mich bewahrt.
(Psalm 118)

Vorwort

Über den Fall Frank Förster wurde im Juli und Dezember 1986 und im Januar 1987 sehr viel berichtet. Fast täglich informierten die Medien über die Geschehnisse in Malaysia. Es entstanden sogar Serien mit Schlagzeilen wie „Hängen sollst du unter Palmen“ oder „Im Schatten des Galgens“. Ich wunderte mich dabei über den Einfallsreichtum der Journalisten, denn ich erzählte nie etwas über meine Erfahrungen oder den Tagesablauf im Gefängnis auf der Insel Penang. Es war mir klar, daß jeder die Sensation witterte und deshalb diese Geschichte so gut wie möglich ausschlachten wollte.
Ich ärgerte mich darüber, hatte aber kaum eine Möglichkeit, mich aus der Gefängniszelle gegen diese Unwahrheiten zu wehren.
Aufgrund meines Tagebuchs beschreibe ich, was wirklich geschah, oder vielmehr, wie ich die Dinge aus meiner Perspektive beobachtete. Diese drei Jahre und zwei Monate verbrachte ich in einer extremen Situation.
Die Angst und der fehlende Kontakt zur Außenwelt machten es mir nicht möglich, die Ereignisse „objektiv“ zu sehen. Trotzdem entspricht alles der Wahrheit – meiner Wahrheit. Ein anderer Mensch in einer ähnlichen Situation hätte wohl vieles anders erlebt und anders beschrieben, und trotzdem würde dies auch der Wahrheit entsprechen, es wäre eine zweite Wahrheit.
Es gibt Erfahrungen, die mir in dieser Zeit sehr wichtig wurden und es auch heute noch sind. Die äußere Situation – die hohen Mauern und die Androhung der Todesstrafe –, das war die Grundlage für diese Erfahrungen. Unter normalen Umständen wäre ich nicht bereit gewesen, mich mit der Frage nach dem Sinn des Lebens oder mit Gedanken über Gott zu befassen, um eine Antwort für das Warum meiner Situation zu finden.
Ich möchte mich an dieser Stelle bei den Menschen be-

danken, die sich tatkräftig für mein Leben eingesetzt haben, obwohl sie sich damit der Kritik vieler Andersdenkender aussetzten. Ich erkenne ihren Mut an, gerade weil ich für sie ein Unbekannter gewesen bin.
In den Tagen während des Prozesses als auch nach dem Freispruch wurde meine Familie von einer Flut von Briefen überschwemmt. Wir haben uns sehr über die Anteilnahme gefreut.
Frau H. aus München schrieb: „Ich habe voller Freude so geweint und mitgefühlt."
Frau H. aus Seelze: „Ich freue mich mit Ihnen über den Freispruch Ihres Sohnes Frank. Ich habe das die ganze Zeit verfolgt."
Herr Karl W. aus H: „Was die Bildzeitung ihm anhängen will, glaube ich nicht, das ist nicht wahr."
Herr und Frau S. aus dem Schwabenland: „Nun sind unsere Gebete erhört worden."
Frau S. aus Bergen: „Sie können sich gar nicht vorstellen, wie ich an Ihrem Schicksal Anteil genommen habe. Jeden Zeitungsartikel habe ich gelesen und ... mit Ihnen gezittert und gehofft. Als dann gestern morgen über Radio die erlösende Nachricht kam, war mir, als wenn Weihnachten und Ostern auf einen Tag fielen."
Herr B. aus Husby: „Seitdem ich von dem Schicksal Ihres Sohnes hörte, habe ich besonders auch mit Ihnen als Eltern gezittert, gebangt und gebetet ..."
Herr S. aus Berlin: „Es sei dahingestellt gelassen, ob Sie nun wirklich schuldig sind oder nicht, die Todesstrafe lehne ich grundsätzlich ab."
Und Frau S. aus Geisenheim: „Habe an dem Mittwoch eine Kerze angezündet."
All diesen Schreibern, aber auch denen, die „ganz heimlich, still und leise" mir die Daumen drückten, sei Dank.

Es war kein Alptraum

3. Dezember 1983

Es ist jetzt kurz nach 17 Uhr. Vor wenigen Minuten vernahm ich fünf Schläge, es hört sich an, wie wenn jemand mit einem Rohr gegen eine Eisenschiene schlägt. Die Tür ist geschlossen. Ich liege hier auf dem harten Boden, das Schreiben fällt mir schwer, weil es keinen Tisch und keine Stühle gibt.
Ich will ein Tagebuch schreiben. Begonnen hatte alles in der Nacht zum 20. November 1983.
Er saß mir gegenüber und suchte mit seinen Zeigefingern die Buchstaben auf der alten Schreibmaschine. Ich hockte auf einem Stuhl vor dem Schreibtisch. Sein Gesicht konnte ich nicht sehen, denn ich hatte den Kopf auf meine Brust gesenkt. Aus meinem eingeschränkten Blickwinkel sah ich nur das Schreibgerät und die braunen Hände dieses Mannes. Es war keine Sonnenbräune, sondern die natürliche Hautfarbe, denn er war Inder oder vielmehr ein Sikh. Das konnte ich an seinem gelben Turban, seinen markanten Gesichtszügen, den hohen Backenknochen und an der Stirn erkennen. Er trug in dieser Nacht ein blaues Batikhemd, was sicherlich nicht zu seiner Dienstkleidung gehörte; er war nämlich Polizist. Auf dem Schreibtisch lagen noch meine kleine braune Ledertasche und drei rötliche Kondome, die mit Haschisch gefüllt waren.
Polizei-Inspektor Bhupinder Singh machte das Protokoll. Es war noch nicht einmal 20 Minuten her, seit er mich festgenommen hatte. „Sollte dies das Ende meiner Reise sein?" ging es mir durch den Kopf. Was war geschehen? Ich versuche mich zu erinnern. Alles ging so schnell.
Mit meinen beiden Bekannten Jürgen und Jochen reiste ich am 19. November mit dem Bus von Singapore nach

Butterworth. Auf der Fähre nach Georgetown, der einzigen Verbindung zu der Touristen- und Globetrotter-Insel Penang, warfen wir einen Blick in unseren Süd-Ost-Asien-Reiseführer. Wir interessierten uns nicht für die vielen Sehenswürdigkeiten, den Botanical Garden, die alte China Town oder den palmenübersäten Batu Ferringhi Beach. Wir steuerten diese Insel nur an, weil wir einen Billigflug buchen wollten, und für preiswerte Flugtickets ist Penang in Insider-Kreisen bekannt.
Zunächst suchten wir uns ein Hotel, und dabei erwies sich dieser Reiseführer, der gewiß vor einigen Jahren von einem Freak geschrieben worden war, als sehr hilfreich. Es befanden sich eine ganze Menge Hotels auf einer Liste. Das Swiss-Hotel wurde uns weiterempfohlen, da es der ideale Treffpunkt sei für Traveller, die sich, von Australien, den Philippinen, von Thailand, Indien, Nepal, Burma und Sri Lanka kommend, dort einfinden würden und Gelegenheit hätten, ihre Erfahrungen auszutauschen. An solchen Plätzen konnte man zum Beispiel erfahren, daß man Videogeräte, Kameras, Uhren und Walkmen sehr günstig in Singapore einkaufen kann, um sie in Indien mit hohem Gewinn zu verkaufen.
Wenn man als Globetrotter längere Zeit unterwegs ist, muß man Wege finden, um sich sein Reisebudget aufzubessern. Es gibt da einige Möglichkeiten. Die noch am wenigsten risikoreiche ist, in Australien zu arbeiten. Das ist natürlich auch illegal, da es fast unmöglich ist, eine Arbeitserlaubnis für dieses Land zu bekommen. Ein Touristenvisum wird jedoch völlig unproblematisch für 6 Monate ausgestellt. Es ist unwahrscheinlich, auf einer weit abgelegenen Farm beim Arbeiten erwischt zu werden.
Wir ließen uns von dem nächsten Trishaw-Fahrer zum Swiss-Hotel bringen und schrieben uns dort ein. Dabei mußte man oft Fragen beantworten, die unserer Meinung nach unwesentlich waren. Wir kannten diese Neugier von Indien zur Genüge und waren nicht bereit, sie mit bestem Wissen zu beantworten. So machten wir uns

oft einen Witz und trugen unrealistische Namen und Orte ein. Im Register dieses Hotels war ich dieses Mal ein Zahnarzt.
Nur kurz hielten wir uns in unserem Zimmer Nr. 48 auf, denn wir wollten noch an diesem Samstagnachmittag ein Reisebüro ausfindig machen, um vielleicht schon den Flug nach Sydney/Australien zu buchen. Wir freuten uns schon auf den fünften Kontinent, obwohl wir vorhatten, dort für die nächsten sechs Monate auf einer abgelegenen Farm zu arbeiten, um Geld für unsere weitere Reise zu verdienen. Wir waren rastlos, wollten baldmöglichst weiterreisen, denn nach drei Monaten Sonne, Strand und Faulenzen waren wir froh, wieder gebraucht zu werden und arbeiten zu können. Bis spät abends waren wir unterwegs, hatten einige gute Angebote und sahen uns noch das geschäftige Treiben im Chinesenviertel an.
Ich war hundemüde, als wir nach einem Bier im Vorhof des Hotels gegen 0.30 Uhr unser Zimmer betraten. Deshalb legte ich mich gleich in das große Bett. Nur kurze Zeit später wurden wir durch Geräusche auf dem Korridor aufgeschreckt. Ich meinte die letzte Silbe des Wortes „police" gehört zu haben, aber sicherlich hatte ich mich getäuscht, denn als wir drei gespannt lauschten, war es draußen wieder still. Es war die Ruhe vor dem Sturm, denn wenige Minuten später klopfte es an der Tür, eine Stimme rief „room service", ich fragte „what", und die Stimme wiederholte „room service".
Ich kann mich heute, drei Wochen später, nicht mehr erinnern, was ich in dem Moment dachte, als ich die Tür aufmachte. Gewiß stand ich „auf der Leitung" und reagierte, wie ich in hellwachem Zustand bestimmt nicht reagiert hätte. Drei Männer standen vor der Tür, sie waren in Zivil. Zwei davon gaben sich als Polizeibeamte aus. Der Sikh mit dem gelben Turban trat sofort ins Zimmer. Er war relativ groß für einen Asiaten und strahlte eine gewisse Persönlichkeit aus. Er war es wohl gewohnt, daß man seinen Anordnungen unaufgefordert

nachkam. Sein Kollege Yussof, ein Malaye mittlerer Größe, ging zum anderen Ende des kleinen Zimmers, nachdem Bhupinder Singh uns auf englisch erklärt hatte, daß es sich um eine Routineuntersuchung handeln würde. Während Yussof sich im Badezimmer umsah, zog Bhupinder Singh das Handtuch von meiner großen gelben Reisetasche und legte es auf das kleine Tischchen. Ich saß in meinen Unterhosen auf dem Bett und dachte: „Cool bleiben, vielleicht findet er das verdammte schwarze Zeug nicht."

Wenige Sekunden später hielt Bhupinder die orangefarbene Plastiktüte, in der sich die drei „Eier" befanden, schon in der rechten Hand. Ich stand immer noch auf der Leitung, war völlig unvorbereitet und wußte nicht, wie ich reagieren sollte. Bhupinder sah sich im Zimmer um, sah uns drei an und fragte, wem die Reisetasche gehörte. Ich hob meine Hand und sagte: „That's my one."

Die kleine Ledertasche, die auch auf der großen Reisetasche lag, hielt er jetzt in der linken Hand. Er untersuchte sie, fand meinen Reisepaß und weitere Dokumente, die auf meinen Namen ausgestellt waren. Wir beobachteten, wie er eines der drei Kondome aus der Plastiktüte holte und daran roch. Von zwei Dingen war er sicherlich überzeugt: daß es sich bei diesem Zeug um eine Droge handelte und daß sie mir gehören mußte. So wurde ich aufgefordert, mich anzukleiden und die beiden Beamten zur Polizeistation zu begleiten.

Meine beiden Reisebegleiter waren genauso überrascht wie ich, auch sie waren ratlos und konnten mir nicht helfen. Nur Jochen sagte immer wieder zu mir, ich solle die zwei bestechen, solle Geld anbieten. Aber ich nickte nur mechanisch mit dem Kopf, nahm meine Tasche und verließ das Zimmer mit den zwei Beamten. Auf dem Korridor erkannte ich dann auch endlich die dritte Person, es war der kleine Chinese, der im Hotel arbeitete und am Mittag unsere Personalien in das Register eingetragen hatte.

Wir verließen das Hotel. Ich sah in die dunkle Nacht, vorne auf der Straße konnte ich noch die beleuchteten chinesischen Reklameschilder erkennen. Bhupinder Singh hatte die Plastiktüte und die Ledertasche bei sich, Corporal Yussof folgte uns mit leeren Händen. Das japanische Auto war auf der linken Straßenseite geparkt, man öffnete mir die hintere Tür, die Beamten stiegen vorne ein. Ich saß im Fond des Wagens, was bei mir den Eindruck erweckte, es handele sich nur um eine Formalität. Man legte mir keine Handschellen an. Nachträglich muß ich daraus schließen, daß selbst die Polizisten meinen Fall für unwesentlich hielten. Das Geschehen der letzten Minuten lief noch einmal in meinem Kopf ab. Es geschah alles schnell – zu schnell. Außerdem war ich mir über den Ernst meiner Situation noch lange nicht klar. In meiner Naivität fragte ich den Sikh: „Was wird nun geschehen?" Aber er antwortete mir nur ausweichend mit einem Schulterzucken und meinte: „Die werden dich wohl jetzt zurück nach Deutschland schicken." – „Nein, nein", erwiderte ich spontan, „ich möchte nicht zurück nach Deutschland. Ich bin doch auf dem Weg nach Australien. Sechs Monate möchte ich dort bleiben, und ein Visum habe ich auch schon." – „Das kann ich nicht entscheiden", war seine Antwort.

Bevor mich sein Kollege in den ersten Stock führte, geschah etwas, worüber ich mich sehr wunderte. Man legte mir Handschellen an. Das darf doch nicht wahr sein, die können mich doch nicht wie einen Verbrecher behandeln, ging es mir durch den Kopf. Aber es war kein Alptraum, ich fühlte, wie sich die Eisenfesseln um meine Handgelenke schlossen. Dann folgte ich dem Malayen. *(Den Inder sah ich erst drei Jahre später wieder. Er sagte dann als Zeuge gegen mich aus.)*

In einem Büro wurde ich einem Stand-by Officer vorgestellt, der in dieser Nacht Bereitschaftsdienst hatte. Auch dieser hatte wohl seine Probleme mit dem Maschinenschreiben, denn es dauerte sehr lange, bis er den Vordruck ausgefüllt hatte. Gegen 4 Uhr morgens führte man mich wieder in das Erdgeschoß, und erst als sich eine schwere Eisentür hinter mir schloß, nahm man mir die Handschellen wieder ab. Jetzt befand ich mich im Police Lock-up. Im Vorraum waren drei Polizisten im Dienst. Sie saßen auf Stühlen und lasen Zeitungen oder rauchten Zigaretten und sahen recht müde aus. Vielleicht war es für sie eine willkommene Abwechslung, ein Deutscher wird dort bestimmt nicht alle Tage festgenommen. Wenn überhaupt, dann ließen sie sich die Überraschung nicht anmerken. Meine große Reisetasche wurde auf einem Schrank abgestellt, alle Wertgegenstände in eine Liste eingetragen und in einer Plastiktasche aufbewahrt.

Mich störte es, daß einer der drei ständig an meiner kleinen Minox-Kamera herumspielte. Mir gefiel diese 35er Minox, es ist der ideale Fotoapparat für meine Reisen, denn ich konnte sie leicht in der Tasche meiner Blue Jeans verstecken. Dann spielte dieser Idiot an dem Objektiv. Er klappte es aus und wieder ein. Er drehte an der Blende und an der Entfernungsskala. Gerne hätte ich sie ihm aus der Hand gerissen, aber ich traute mich nicht. Nur nicht aufmucken, dachte ich, dann lassen die dich vielleicht in Ruhe. So tat ich alles, was man mir sagte. Ich mußte mich ausziehen bis auf die Unterhosen, während ein anderer Polizist meinen Namen mit Filzstift auf die Tafel schrieb. Er zeigte mir zwei weitere europäische Namen, erklärte, daß die beiden vor einigen Tagen mit einem Pfund Heroin am Flughafen erwischt wurden. Er schüttelte den Kopf und sah mich an. „Very hard“, sagte er und wollte damit wohl zum Ausdruck bringen, daß es sich dabei um einen sehr ernsten Fall handelt. Noch bevor ich verstehen konnte, was seine Handbewegung zum Hals bedeuten sollte, schlug er mir auf die Schultern und sagte: „Aber du brauchst dir keine Sorgen zu machen. Wegen diesem halben Pfund Haschisch kommst du wahrscheinlich mit einem blauen Auge davon.“ Die Namen waren Brian Jeffrey Chambers und Kevin John

Barlow. *(Die beiden Australier wurden am 1. August 1985 zum Tode verurteilt und am 7. Juli 1986 in Kuala Lumpur hingerichtet.)*
Im Police Lock-up gibt es zehn große Zellen. Man wies mir die Zelle Nr. 3 zu, in der zwei Inder schliefen. Ich dachte, es sind sicherlich Drogenabhängige, denn sie sahen sehr heruntergekommen und schäbig aus und waren auffallend dünn. Einer der beiden machte die Augen auf, sah mich an und schlief dann weiter.
Ich sah mich in der Zelle um. Der Raum dürfte etwa 10 × 4 m groß gewesen sein, am hinteren Ende befand sich eine Toilette und eine Dusche, die sicher seit Jahren nicht mehr saubergemacht worden sind. Das Bett machte den größten Teil des Raumes aus. Es war ein Betonklotz, der mit Holzplanken abgedeckt war. Darauf mußte man schlafen, es gab keine Decken und keine Kissen. Das störte mich in dieser ersten Nacht sehr wenig. Zwar war ich sehr müde, denn ich hatte in der vorherigen Nacht auf der Busfahrt nicht geschlafen, aber ich hätte sowieso nicht schlafen können. Meine Situation vermochte ich nicht abzuschätzen, niemand hatte mir gesagt, wie lange man mich festhalten würde. Das weiß ich auch heute noch nicht. So hoffte ich, am nächsten Morgen etwas zu erfahren, und versuchte, mir die Zeit mit Liegestützen totzuschlagen. Meine zwei Genossen wachten erst zwischen 6 und 7 Uhr auf. Einen ausgeruhten Eindruck machten sie nicht, denn auf einer harten Holzplanke und bei dem hellen Licht der Neonröhre kann man nicht tief einschlafen.
Einer der beiden sprach gebrochenes Englisch. Er fragte mich, wo man mich festgenommen hätte und um wieviel Dope es sich handeln würde. Er meinte dann, ich solle mir einen Rechtsanwalt nehmen, vorausgesetzt, daß ich es mir leisten kann. Verdammt, dachte ich, es gibt hier niemanden, der sagen kann, was denn nun wirklich passiert. Vielleicht werden Jürgen und Jochen etwas erreichen, sie hatten kurz vor dem plötzlichen Abschied noch

versprochen, daß ich mich auf ihre Hilfe verlassen könne. Mist, mußte denn die Polizei ausgerechnet an diesem Abend in das Hotel kommen! Ein paar Tage später hätten wir Malaysia wieder verlassen.

Ich habe das Gefühl, meinem eigenen Begräbnis beizuwohnen

5. Dezember 1983

Vorgestern konnte ich nicht mehr weiterschreiben. Mein Kreuz tat mir weh, weil ich seltsam gebeugt vor diesen Seiten sitze. Es ist total ungemütlich. Ich versuche da weiterzuschreiben, wo ich vor zwei Tagen aufgehört habe. Ich mußte den ganzen Tag in der Zelle ausharren, bis man mich am Abend in Handschellen zu dem Büro im ersten Stock führte. Diesmal saß ich dem Untersuchungsbeamten Karim gegenüber. Er trug eine grüne Uniform, das Hemd war kurzärmelig, über der linken Brusttasche steckte sein Namensschild, und auf den Schultern trug er als Zeichen seines Ranges einen Stern. Er hatte breite Schultern und einen Kopf wie ein Bulle. Sein Haar war schon etwas licht geworden, obwohl ich ihn höchstens auf 35 schätzte. Inspektor Karim war nicht unfreundlich zu mir. Er stellte nur wenige kurze Fragen, und schon nach einer halben Stunde war ich wieder auf dem Weg ins Lock-up.
Der nächste Tag sollte interessanter werden. Es ging an diesem Montagmorgen endlich zum Gericht. Ich hatte die Hoffnung, daß man mich zu einer Geldstrafe verdonnern und dann aus dem Lande verweisen würde. Wir waren acht bis zehn Gefangene, die vor Gericht geladen waren. In einem Wagen, der Black Mary, den man in

Deutschland noch nicht einmal mehr für Viehtransporte gebrauchen würde, wurden wir eingepfercht. Ich war an einen Gefangenen gefesselt. In diesem Transporter gab es sechs kleine Zellen mit einer Sitzgelegenheit. Mich ekelte die Atmosphäre unheimlich an, denn es war relativ finster, es stank nach Öl und Kotze und das Bodenblech und die Türen waren durchgerostet.

Im Gericht wurden wir zunächst auch wieder ins Lock-up gesperrt. Später holte man mich heraus und brachte mich in eine gesonderte Zelle, und dann zum Haftrichter. Er saß an einem kleinen Schreibtisch in einem engen Raum hinter dem Gerichtssaal und war in irgendwelche Schreibarbeiten vertieft. Ohne mich anzusehen, unterschrieb er den Haftbefehl, und wir, der Untersuchungsbeamte Karim, eine Begleitperson und ich, begaben uns wieder in den Korridor. Dort traf ich auf Jürgen. Er lief mir hinterher und rief: „Frank, mach dir keine Sorgen. Wir helfen dir. Wir haben uns schon erkundigt. Es sieht gar nicht so schlimm aus." Wenige Minuten später hatte ich nochmals eine Gelegenheit, mich mit Jürgen und Jochen zu unterhalten. Jochen sagte: „Wir haben uns gestern auf der Szene etwas umgehört. Vielleicht kommt es zu einer Geldstrafe, und wenn nicht, mußt du unter Umständen mit zwei Jahren Knast rechnen." Mit einer Gefängnisstrafe hatte ich bisher noch nicht gerechnet, und deshalb schockte es mich ganz schön, daß Jochen dies erwähnte. Bevor der Wagen sich wieder in Bewegung setzte, erhielt ich von beiden das Versprechen, daß wir uns wiedersehen. Trotzdem sollte dies unsere letzte Begegnung gewesen sein.

Am nächsten Morgen um 10 Uhr war ich sehr überrascht, als man mich plötzlich wieder aus der Lock-up-Zelle holte und über Gänge und Treppen in das Büro des Superintendenten Ramalingam führte. Er sprach fließend Englisch, und es war mir nicht möglich, alles zu verstehen. Ich nickte immer nur mit dem Kopf und traute mich nicht, Fragen zu stellen. Er zählte Städte auf,

in denen er zuvor schon als Drogenfahnder gearbeitet hatte: London, Amsterdam, New York. „Du brauchst mir nichts vorzumachen. Ich kenne mich sehr gut aus in dieser Branche“, bemerkte er. Als ich das Büro mit Klimaanlage verließ, wußte ich, daß ich noch mal eine Aussage machen müsse. Dazu mußte ich mich noch über eine Stunde in einem Warteraum gedulden. Dort spielten mehrere Polizisten Sepak Takrow. Es ist ein Fußballspiel, wobei der leichte, aus Bast geflochtene Ball nie den Boden berühren darf. Ich war zwar auf dem Rücken gefesselt, das sollte mich jedoch nicht am Mitspielen hindern, denn die Arme dienten dabei allenfalls zum Balancehalten. So vertrieb ich mir etwas die Zeit, bis ich später zu dem Büro der Protokollbeamtin Annie Wong gerufen wurde. Es waren zwei Frauen in diesem Büro: Annie Wong, eine Chinesin, und eine weiße Frau mit blonden Haaren, die ein schwarzes Kleid trug. Ich schätzte sie auf 30. Sie stellte sich mir als Frau Klose vor und sagte, daß man sie von der Botschaft gebeten hätte, das Statement zu übersetzen. Obwohl mich diese Frau mit seltsam traurigen Augen ansah, fand ich sie sympathisch. Aber warum sah sie mich nur so an, und Annie Wong auch?
Ich hatte das Gefühl, meinem eigenen Begräbnis beizuwohnen. Nach der Übersetzung wurde ich sofort wieder abgeführt. Schade, dachte ich, ich hätte mich gerne noch mit Frau Klose unterhalten, nicht nur, weil ich sie sehr nett fand, sondern weil ich auch endlich gerne gewußt hätte, was man nun wirklich mit mir vorhatte. Aber das würde sie vielleicht selbst nicht wissen. Ich sollte sie erst vier Tage später wiedersehen, denn der nächste Gerichtstermin war für Samstag, den 26. November 1983, festgesetzt. Diese Tage sollten für mich die schlimmsten in meinem bisherigen Leben werden.
Zum Glück versetzte man mich jetzt im Lock-up in Zelle Nr. 7, denn nebenan waren die beiden Australier. Ich konnte sie leider nicht sehen, die Zellen waren durch Mauern getrennt, nur die Seite zum Korridor bestand

aus Gitterstäben. Jeff und Kevin stellten sich vor und streckten ihre Hände durch die Stäbe. Wir gaben uns die Hand. Erst dann bemerkte ich meinen eigenen Zellengenossen. Er war ein Malaye mit lockigen Haaren und von kleiner Gestalt. Trotz seiner Situation schien er das Lachen nicht verlernt zu haben. Er grinste mich mit seinem breiten Mund an und sagte: „Ich bin Zeinor. Wer bist du?“ Ich nannte meinen Namen und hatte das Gefühl, wir würden uns bestimmt gut verstehen. Zeinor arbeitete als Checker und stand deshalb auf gutem Fuß mit den Polizisten. Er hatte die Aufgabe, den Korridor zu kehren und abzuspritzen und bekam danach immer eine Zigarette zur Belohnung. Oft gelang es ihm, eine halbe Zigarette in seiner Hosenkrempe in die Zelle zu schmuggeln, die er mir dann großzügig überreichte. Ich hatte mir zwar zwei Monate vorher das Rauchen abgewöhnt, wenn man überhaupt sagen kann, ich hätte jemals richtig geraucht. Aber in dieser Lage brauchte ich ganz einfach eine Zigarette. Zeinor drückte seine linke Wange an die Gitterstäbe und hatte so einen großen Teil des Korridors im Blickfeld. Das Rauchen war nämlich verboten. Jeff, der eine Australier, hatte sich ein ganzes Päckchen besorgt, das hatte zehn Dollar gekostet. Polizisten sind ja schließlich auch nur Menschen. Solche Dinge und auch, daß man im Police Lock-up mit Heroin versorgt wird, wenn man das nötige Kleingeld besitzt, erfuhr ich später. Zeinor unterrichtete mich abends in der malayischen Sprache. So lernte ich schnell das Zählen und wenige einfache Ausdrücke, womit ich die Neugier einiger Polizisten auf mich lenkte. Zur Abwechslung brachte ich Zeinor etwas Deutsch bei. Aber: „Deutsche Sprach is schwere Sprach.“ Zeinor strengte sich an, die Zahlen auszusprechen: „Eis, swei, drei“, er spitzte den Mund, ich mußte lachen, „fier, füf, sex“, mit der Zahl sieben hatte er keine Probleme, und bei acht gab er auf. „Übrigens, was hast du angestellt, Zeinor?“ fragte ich. Mit der Antwort konnte ich nicht viel anfangen. „Ich bin ein

Gangster." Ich schüttelte den Kopf. „Nein, ich meine, was du getan hast. Warum bist du hier?" Dann erklärte er mir seinen Fall, obwohl es mir schwerfiel zu glauben, was er sagte. Zeinor wurde von der Polizei nur verdächtigt, Mitglied einer Bande zu sein, die öfters in Schlägereien verwickelt war. Das allein genügte, um ihn zunächst für zwei Monate im Police Lock-up und danach auf der Insel Jerjak für weitere zwei Jahre festzuhalten. Es gab keinerlei Beweise gegen ihn.

Morgens war ich immer alleine in der Zelle und versuchte, noch etwas Schlaf nachzuholen, denn in der Nacht war an Schlafen kaum zu denken. Wir waren nur mit einem Paar Hosen bekleidet, nachts brannte Licht, und wir waren das gefundene Fressen für die Moskitos. Die Kakerlaken krochen aus den Ritzen und kamen bis auf wenige Zentimeter an uns heran. Eine Ratte kam neugierig aus ihrem Versteck. Die Toilette stank nach Urin und Kot. In den frühen Morgenstunden wurde es sehr kühl, und ich wachte dadurch auf. Zeinor deckte sich mit einem Zeitungsblatt zu, das er tagsüber als Gebetsteppich verwendete. Er war nämlich Moslem und achtete sehr streng auf die Zeiten des islamischen Gebets, wozu fünfmal täglich aufgerufen wird. Dieses Zeitungsblatt nahm ich ihm morgens weg und deckte mich selbst damit zu, um dann zusammengekrümmt noch etwas Ruhe zu finden. Natürlich dauerte es nicht lange, bis mein Kumpel wieder aufwachte und dann vorsichtig die „Decke" wieder zu sich nahm. Vielleicht dachte er, ich würde es nicht merken. Diese Zeit am frühen Morgen war sicherlich die schwerste. Ich war jedesmal müde, ich fühlte mich schwach, fast ohnmächtig, und die Kälte und die Probleme, die mir erst in wachem Zustand wieder bewußt wurden, ließen mich nicht wieder einschlafen. Erst am Mittag, wenn es sehr warm wurde, gelang es mir, im Halbschlaf die Gedanken der ungewissen Zukunft und die Angst etwas zu verdrängen. Zu anderen Zeiten lief ich in der Zelle auf und ab, zählte die Schritte oder

machte Liegestützen und einige Taekwon-Do-Übungen oder kletterte an den Gitterstäben hoch und beobachtete die Menschen, die weit draußen auf der Straße vorübergingen.
Am Donnerstagabend öffnete ein Polizist die Zellentür und ließ sich von Zeinor massieren. Dafür bekamen wir drei Zigaretten. Zwei davon rauchten wir sofort, eine versteckten wir unter der Holzplanke. Wir freuten uns am nächsten Morgen nach dem Frühstück, das aus Brot und Kaffee bestand, auf den Glimmstengel, mußten aber mit Schrecken feststellen, daß dieser von Kakerlaken angeknabbert war. Wir reparierten ihn mit einem Fetzen des Zeitungsblattes, so daß wir doch noch zu unserem Genuß kamen.
Diese vier Tage kamen mir wie Wochen vor. Immer wieder rief ich nach dem Wachhabenden, denn mit Kevin und Jeffrey konnte ich auch nicht mehr sprechen. Man hatte sie schon am Mittwoch abgeholt. Sehr langsam rückte der Samstagmorgen näher, die Nacht vorher verbrachte ich mit acht Drogenabhängigen in der ersten Zelle, da wir alle vor Gericht geladen waren. Es war die dreckigste Zelle im Lock-up, genau wie die Typen, die darin saßen. Nur einer machte auf mich einen sehr ordentlichen, ja sogar intelligenten Eindruck. Er war nicht so heruntergekommen wie all die anderen und trug eine Brille. Aber auch er zeigte mir die Einstiche an seinen Unterarmen. Einzelne Einstiche konnte man eigentlich überhaupt nicht sehen, sondern man sah nur eine lange, dunkelblaue Narbe, die sich vom Handgelenk bis zum Ellenbogen zog. Einige andere hatten Narben am Handrücken.
Die Liegeplattform war groß genug, und mir war es möglich, mich von den anderen etwas zu distanzieren, aber an Schlaf war auch in dieser Nacht kaum zu denken. Wir hielten uns gegenseitig wach, erzählten Geschichten, bis wir vor Müdigkeit in einen unruhigen Schlaf fielen.
Gleich um 7 Uhr gab man uns unsere Wertgegenstände

und die Kleidung zurück. Dann wiederholten sich die Ereignisse des Montags. Wir wurden in dem alten Transporter, der Black Mary, zum Gerichtsgebäude gebracht. Ich mußte ca. zwei Stunden warten, bis man mich endlich in einen leeren Gerichtssaal im oberen Stockwerk führte. Dort traf ich Frau Klose und durfte sogar mit ihr reden, bis wir in das Zimmer des Richters gebeten wurden. In dem Raum war es sehr kalt, die Klimaanlage lief auf Hochtouren. Ich verstand kaum etwas von dem, was dort gesagt wurde. Nur an die Sektion 39 und das Datum 6. Februar 1984 konnte ich mich erinnern. Ich bekam einen Schreck, als ich dieses Datum hörte, denn es bedeutete, daß die Verhandlung für weitere zweieinhalb Monate vertagt worden war und ich diese schrecklich lange Zeit im Gefängnis verbringen mußte. Frau Klose versprach, mich bald dort zu besuchen. Diesmal warteten vor dem Gericht schon einige lokale Reporter.
Ich habe jetzt keinen Bock mehr, weiterzuschreiben. Außerdem kann ich mich nicht mehr konzentrieren, mir fällt es immer schwerer, die Sätze zu formulieren. Jetzt werde ich zuerst eine Zigarette rauchen. Vielleicht mache ich morgen weiter.

Mir blieb fast das Herz stehen

10. Dezember 1983

In den letzten Tagen war ich so nervös, ich konnte nachts kaum schlafen. Meine Fingernägel sind alle ab, ich kann diese blöde Angewohnheit nicht mehr unter Kontrolle halten. Heute bin ich etwas ruhiger. Ich habe mein Mittagessen gegen ein Päckchen Zigaretten eingetauscht. Rauchen beruhigt mich.

Eine halbe Stunde später öffnete sich das große grüne Gefängnistor. Ich hatte vorher nicht versucht, mir das Gefängnis vorzustellen, und es interessierte mich auch jetzt noch nicht. Ich war viel zu sehr mit mir selbst beschäftigt und versuchte, mit der Angst und der Ungewißheit fertig zu werden.
Die Wärter am Eingang waren sehr neugierig. Es kam ja schließlich nicht alle Tage vor, daß ein „Mat Salleh“, ein Weißer, eingewiesen wurde. Außerdem hatte ich noch meine große gelbe Reisetasche, und da gab es allerhand zu durchwühlen. „What is this?“ fragte der Typ, der einen kleinen Bastbeutel meiner Tasche entnommen hatte. „Rings and jems“, antwortete ich. Die Ringe und Halbedelsteine hatte ich wenige Wochen zuvor noch in Katmandu und in Jaipur gekauft.
Am zweiten Tor mußte ich mich bücken, weil es für Leute meiner Größe nicht gebaut war. Wir mußten gleich in das Office. Die Aufnahme der Personalien, der Größe und des Gewichtes war ein langwieriger Prozeß. Aber an das Warten werde ich mich sowieso noch gewöhnen müssen. Das Office besteht aus drei großen, einfach eingerichteten Büroräumen. Überall sieht man Schreibtische, Regale, Karteikarten und Ordner, die sich an den Wänden stapeln. Einige Wärter schrieben, andere taten nichts. Es gibt keine richtigen Fenster, sondern nur Lamellen, die ständig offen sind. An den Decken hängen Ventilatoren, die die Hitze etwas erträglicher machen sollen. Anscheinend gibt es auch Gefangene, die dort arbeiten, denn ich sah Jungs in Uniform, die von den Wärtern mal dahin, mal dorthin geschickt wurden. Meine Reisetasche wurde in einem Lagerraum abgestellt, und man begleitete mich mit den anderen Häftlingen zum Kumpulan. Kumpulan bedeutet „Gruppe“, im Gefängnis in Penang ist allerdings der Teil für Untersuchungshäftlinge damit gemeint. Dieser Teil befindet sich links von dem Bürogebäude im oberen Stockwerk. Er ist in vier riesig große Räume A, B, C und D unterteilt. In jedem Raum gibt es

nicht mehr als eine Toilette am hinteren Ende, sonst gibt es dort keine weiteren Einrichtungen wie Schränke, Kleiderhaken, Regale oder so. Jeder Gefangene erhält eine Decke und einen Becher; Seife, Zahnpasta und Handtuch kann man sich während der Besuchszeiten selber kaufen. Wer keinen Besuch erhält, muß darauf verzichten. Ich hatte absolut keine Probleme, Kontakte zu knüpfen. Jeder in Raum A wollte schließlich wissen, wo dieser Mat Salleh herkam und mit wieviel Stoff er erwischt wurde. Man zeigte mir den Tennisplatz, den man von dem Toilettenfenster aus sehen kann, und auf dem natürlich nur die Gefängniswärter spielen dürfen.

„Wenn du den Kopf nach rechts drehst, dann siehst du die Halle C", erklärte mir der Inder Kuppu, „da sind deine beiden Freunde drin." Er meinte Kevin und Jeffrey. „Du kannst dich freuen, daß du hier bist, denn hier werden nur die kleineren Fälle untergebracht. Dort drüben in Halle C sitzen die Drugdealer, Mörder und Kidnapper. Die haben fast alle die Todesstrafe zu erwarten. Gut, daß du nicht dort bist. Die Zellen sind klein, und ein Klo gibt es da auch nicht, sondern nur einen Eimer."

„Es muß schlimm da drüben sein", dachte ich laut.

„Ja, ja", sagte Kuppu, „sei froh, daß du hier bist. Wenn du irgend etwas brauchst, dann sag mir Bescheid."

Abends luden mich die Checker ein, in ihrer Ecke zu schlafen. Ein Checker ist ein Helfer, ein Sprecher und Boß der Gruppe. Sie werden von den Wärtern mehr respektiert und haben mehr Freiheiten. Es ist immer praktisch, wenn man einen Checker zum Freund hat. Mein Vorteil an diesem Abend war eine zusätzliche Decke, und außerdem durfte ich ab und zu ein paarmal an den Zigaretten ziehen. Es war gegen 8 Uhr, als mich Din rief: „Hey Frank, come here. Just look!" Ich lugte durch die Blechwand, die Raum A von Raum B trennte. Gegenüber in Raum B war eine Ecke, die für den Wärter von draußen sicherlich im toten Winkel lag. Dort sah ich einige Gefangene, die auf dem Boden saßen. Einer von ihnen hielt ein Stück Silberpapier in der einen Hand, das er mit einem brennenden Streichholz in der anderen erhitzte. Im Mund hatte er ein Röhrchen. „Was macht er da?“ fragte ich, denn ich konnte mir beim besten Willen nicht vorstellen, was das bedeuten sollte. „They are chasing the Dragon.“ Die jagen den Drachen, sagte Din, wovon ich immer noch nicht viel schlauer wurde. Erst als ich noch einmal nachhakte, erklärte Din, daß die im Raum B Heroin rauchen. Das ist die übliche Art, in Malaysia diese Droge zu konsumieren. Das Heroin auf dem Silberpapier wird mit Feuer erhitzt, bis es verdampft. Der Dampf wird dann mit dem Röhrchen in die Lunge gezogen, über die die Droge an das Gehirn weitergeleitet wird.

Kurze Zeit später wurde ich Zeuge eines neuen Schauspiels. Raum A war schon mit Decken übersät, die 80 Häftlinge fanden gerade noch einen Liegeplatz. Am Tag zuvor übte man sich schon in der Geisterbeschwörung. In dieser Nacht sollte sie erneut stattfinden. Als Medium benutzte man einen jungen Chinesen. Er war klein, pummelig und machte einen dümmlichen Eindruck. Er mußte sich in die Mitte setzen und sich im Buddhasitz auf den monotonen Gesang einer Gruppe Chinesen, die im Kreis um ihn herumsaßen, konzentrieren. „Am Tag zuvor fing er am ganzen Körper an zu zittern“, erzählte mir Din und bot mir eine Zigarette an, „da war er von einem Dämon besessen und konnte sich nicht mehr an seinen Namen oder an sein Geburtsdatum erinnern.“ Heute schien der Dämon keine Lust zu haben. Die Chinesen wiederholten dutzendmal das gleiche Lied, welches mich an einen Grabgesang erinnerte. Nach einer dreiviertel Stunde gab man es auf. „Es lag sicher daran, daß wir zu nahe an der Toilette saßen“, meinte einer der Geisterbeschwörer.

Dorai ist einer der am meisten gefürchteten Wärter. Er ist Inder und groß, dick und stark wie ein Ochse. Er ließ mich in Ruhe, ich gab ihm auch keinen Grund, ärgerlich zu werden. Aber allzu oft brauchte man Mr. Dorai auch gar keinen Grund zu geben, es machte ihm Spaß, kleine Drogenabhängige zu quälen. Vielleicht schlug er gar nicht mal so fest zu, aber es freute ihn, mit den Jungs zu spielen. Er sah es gern, wenn man vor ihm zitterte, weil er zwei Arme in einer seiner großen Hände halten konnte. Er verteilte Ohrfeigen und ließ die Leute, die er nicht leiden konnte, auf einem Bein stehen. Dorai war nicht einfallslos, immer wieder hatte er neue Ideen, anderen Menschen den Angstschweiß auf die Stirn zu treiben.

Die Zeit verging mit Schlafen und Reden, denn es gab keine andere Art, sich zu beschäftigen. Es gab keinen Fernseher, kein Radio und keine Bücher.

Am Montag rief mich Dorai. Ich konnte nicht ahnen, was er von mir wollte. Mr. Dorai teilte mir mit, ich solle meine wenigen Sachen packen, denn er hatte die Order, mich nach Halle C zu schicken.

Mir blieb fast das Herz stehen.

Sollte meine Lage wirklich so ernst sein? Oder was könnte der Grund dafür sein, daß ich in dieses unmenschliche Loch mußte? Sicherlich war ich käseweiß im Gesicht, als ich Dorai abwesend auch noch die Hand reichte und mich von ihm verabschiedete.

Halle C liegt fast 100 m weiter auf der anderen Seite des Gefängnisses. Dieser 140 Jahre alte Bau ist mit roter und gelber Farbe angestrichen. Die schwere Eisentür öffnete sich, und ich hatte zum ersten Mal Einblick in das Innere der Halle. Sie ist durch eine Trennwand geteilt. Die erste Hälfte ist für Untersuchungshäftlinge, die andere für Verurteilte. Ich sah den langen Korridor, die Neonröhren und die Türen, die sich wie eine endlose Kette bis zur Trennwand nebeneinander reihten und noch alle geschlossen waren. Ein langer, dünner Chinese saß auf den Treppenstufen. Er begrüßte mich: „Hallo, wo kommst du her?“ – „Aus Deutschland“, war meine Antwort, aber ich war immer noch abwesend, ich hatte Angst. Später

erfuhr ich, daß dieser lange Dürre mit der Brille und der Jesus-Christ-Superstar-Tätowierung auf der Schulter David Chong hieß und als Checker in Halle C tätig war. Seit 1978 wartet er auf seinen Prozeß. Es interessierte mich in diesem Augenblick sehr wenig. Ich stand einige Minuten am vergitterten Fenster und sah die Mauern, die Zäune, den Stacheldraht und die Posten mit den Gewehren. Je länger ich dort stand, desto mehr hatte ich das Gefühl, so schnell nicht mehr hier herauszukommen.
Jemand tippte mir von hinten auf die Schulter. Ich drehte mich um. Ein kräftiger Europäer mit leicht gelockten schwarzen Haaren stand vor mir und sah mich freundlich an. „Wie heißt du?" fragte er. „Frank." – „All right, Frank, ich bin Bob. Willst du mit mir nach oben kommen? Dort können wir uns besser unterhalten." Und ob ich jemanden zum Reden suchte. Bob wohnte in der Zelle 200, die er mit drei Chinesen teilte. Der 26jährige Australier war schon seit über einem Jahr im Knast. Ich nahm die Zigarette, die er mir anbot, dankbar an. Endlich konnte ich eine ganze Zigarette rauchen, ohne sie immer an andere weiterreichen zu müssen. Bob schien sich mit den Gesetzen und den Rechtsanwälten auszukennen und konnte mich etwas über meine Lage aufklären. Mir wurde langsam klar, daß ich einen guten Rechtsanwalt brauchte, obwohl ich immer noch nicht den totalen Durchblick hatte.
Bob stellte mir seine Zellengenossen vor. Silvester hatte Tätowierungen auf Brust und Armen, Seng war der Boß, er war für einen Chinesen ziemlich groß und stark, und dann gab es noch Grandfather. Sie nannten ihn so, weil er mit seinen 37 Jahren der Älteste in der Zelle war. Alle drei sind wegen Entführung angeklagt und haben eine Strafe von 20 Jahren zu erwarten.
Der Wachhabende, Corporal Singh, wies mir an diesem ersten Tag die Zelle Nr. 131 zu. So lernte ich Beggi, Raja und Chandra kennen. Alle drei sind Arbeiter. Sie kehren den Korridor und verteilen die Rationen, deshalb ist ihre

Zellentür auch länger geöffnet. Nachmittags um 4 Uhr haben Corporal Singh und die Wärter der Frühschicht Feierabend, und wir sind bis zum nächsten Morgen um 7 Uhr eingeschlossen. In diesen ersten Tagen wechselte ich einige Male die Zelle. Ich wollte unbedingt mit jemandem zusammen, der Englisch spricht. In Zelle 128 lernte ich Derrick kennen. Er ist aus England, wurde 1982 mit einem Pfund Heroin am Flughafen festgenommen. Man fand den Stoff in seinen Stiefeln. Derrick mußte am nächsten Tag vor Gericht. Er hatte noch eine zweite Anklage, bei der er sich wegen Flucht aus einer psychiatrischen Klinik verantworten mußte. Die Verhandlung dauerte nur kurz, man verurteilte ihn zu einer Haftstrafe von einem Jahr, und er wurde einen Tag später in Halle B versetzt. Ich kann ihn oft während der Duschzeiten beim Blumengießen beobachten. Nachdem Derrick verurteilt war, fühlte ich mich nicht mehr wohl in 128. Dort hatte ich noch zwei weitere Zellengenossen. Einer davon war Din Bakar, ein Moslem. Er saß den ganzen Tag auf seinem Gebetsteppich, und wenn er nicht am Beten war, dann rauchte er Heroin.
Wie kann man sich nur so kaputtmachen! Er weiß doch, daß dieses Teufelszeug schädlich ist, es scheint ihn aber keineswegs zu stören. Weiter, weiter, ständig weiter bis zum Tod. Was hatte dann sein Leben für einen Sinn? Drogen sind keine Lösung, sie schaffen nur neue Probleme. Weiter, weiter, vielleicht betet er sogar dieses Zeug an, vielleicht glaubt er an Heroin wie an Gott. Weiter, weiter. Ich glaube nicht an Gott, früher habe ich an mich selbst geglaubt, ich war voller Lebensfreude und Übermut. Aber jetzt glaube ich an überhaupt nichts mehr. An nichts. Wahrscheinlich hat mein Leben genausowenig Sinn wie Dins. Was ist übriggeblieben? Eine Nummer. 2953-83. Das ist meine Nummer. Das bin ich.
Ich wollte raus aus dieser Zelle. Wenige Tage später erhielt ich dann die Gelegenheit, mit Kevin zusammenzuziehen. 179 liegt Bobs Zelle genau gegenüber und befin-

det sich im oberen Stockwerk. Der Raum ist heller und sauberer, aber am wichtigsten ist für mich, daß ich jetzt endlich jemanden habe, mit dem ich mich auf englisch gut unterhalten kann und dessen Mentalität ich besser verstehe. In dieser Zelle würde ich es sicherlich etwas länger aushalten, und so versuchte ich es mir in den ersten Tagen etwas gemütlicher zu machen. Ich breitete meine Decke auf dem harten Sandsteinboden aus und klebte mir mit Zahnpasta leere Zigarettenschachteln an die Wand, um Kugelschreiber und Zahnbürste darin aufzubewahren. In dieser 7,5 Quadratmeter kleinen Zelle gibt es nämlich keinen Schrank, kein Regal und noch nicht einmal einen Haken an der Wand. Ganz oben ist in dem 2 1/2 Meter hohen Raum an den gegenüberliegenden Wänden je ein Fenster, mit dicken Stäben vergittert. Die Wände sind mit weißer Kalkfarbe angestrichen. Die Tür ist aus schwerem, dickem Holz, in Augenhöhe befindet sich ein kleines Loch, so daß die Wärter uns jederzeit beobachten können. Es gibt keine Privatsphäre. Ich bin niemals allein, es gibt keinen ruhigen Platz, wo man abschalten und vergessen kann. Nachts schlafe ich spät ein und morgens werde ich um 5 Uhr wieder wach. Oft rauche ich dann schon die erste Zigarette. Draußen auf der Toilette, die wir während der Duschzeiten benutzen können, ist man auch nicht ungestört. Die Einheimischen wollen anscheinend unbedingt sehen, wie ein Weißer scheißt. Arschlöcher. Ich ziehe mir manchmal mein Handtuch über den Kopf, dann kann ich die wenigstens nicht sehen. Es bleibt kein Platz und keine Zeit zum Entspannen. Gefängnis, überall Gefängnismauern und Häftlinge, Uniformen und Stacheldrähte. Früher bin ich oft in den Weinbergen und im Wald spazierengegangen. Ich habe mich dann auf eine Bank gesetzt und dem Gezwitscher der Vögel zugehört. Niemand hatte mich da beobachtet. Ich war allein und genoß die Ruhe, ich atmete die frische Luft tief ein und erfreute mich an der Schönheit der Natur.

Ah Phun ist ein weiterer Zellengenosse. Die Regeln schreiben vor, daß man nicht zu zweit in einer Zelle sein darf. Phun liegt oft stundenlang auf seiner Decke und kratzt die Farbschichten, die im Laufe der Jahre sehr dick aufgetragen worden waren, mit den Fingernägeln von der Wand. Ich muß mich an den Zeitplan, das Essen und daran gewöhnen, fast den ganzen Tag eingesperrt zu sein. Auch das Bücherlesen muß ich in einem gewissen Sinn noch lernen, denn ich habe früher nie viele Bücher gelesen. Ich war oft mit dem Motorrad unterwegs und war in der Jugendarbeit unseres Turnvereins in Hallgarten sehr engagiert.
Am liebsten vertreibe ich mir die Zeit mit Schachspielen, zwischendurch rauche ich immer mehr Zigaretten. Zum Glück haben wir Europäer besseres Essen, und in einer solchen Menge, daß wir vieles davon gegen Zigaretten vertauschen können.
Ständig lebe ich in Angst und Schrecken. Wie werden meine Eltern auf den Brief reagieren, den ich erst vor wenigen Tagen schrieb und indem ich erklärte, in welcher aussichtslosen Lage ich mich befinde?

28. November 1983

Hallo Ihr Lieben!

Normalerweise erwartet Ihr bestimmt schon sehnsüchtig Post aus Australien. Ich muß Euch leider sehr enttäuschen. Mutter ... Du wirst diesen Brief wahrscheinlich zuerst lesen. Also bitte geh ins Wohnzimmer und setze Dich in den Sessel, um ihn zu lesen. Tu es wirklich, denn die Sache ist todernst, im wahrsten Sinne des Wortes.
Am 20. November wurde ich in Penang (Malaysia) wegen Besitz von 250 g Haschisch festgenommen ... Hier in Malaysia sind die Strafen für solche Delikte unvorstellbar hart, das habe ich leider erst zu spät erfahren. Der Besitz von Haschisch über

200 g kann unter Umständen mit dem Tode bestraft werden. Aber stop, stop ... ich kann Euch hinsichtlich dessen beruhigen, ganz so hart sieht es für mich nicht aus. Allerdings ist alles andere schlimm genug ... Die ganze Sache kann sich eventuell bis zu zwei Jahren hinausziehen. Das schlimmste ist für mich die Angst, die Angst vor der Ungewißheit oder der Möglichkeit, zwischen zwei und fünf Jahren ins Gefängnis zu kommen. Zuerst sagte ich mir: „Die kriegen mich nicht klein, es wird alles wieder gut." Aber hier ist man so hilflos, ich höre nur noch mein Herz klopfen und fühle, daß meine Hände zittern. Die deutsche Botschaft hier in Penang hat schon längst Kontakt zu mir aufgenommen ... nimmt Verbindung mit dem Rechtsanwalt auf. Mehr kann man leider nicht für mich tun. Ihr könnt Euch bestimmt vorstellen, daß für mich eine Welt zusammengebrochen ist, eine Welt voller Abenteuer, Reisen und glücklicher Stunden. Das Lachen ist mir schon längst vergangen, ich weiß nicht, ob ich es jemals wieder kann. Ich habe nur noch einen Wunsch, hier herauszukommen, von Euch wieder empfangen zu werden und die Oma noch einmal zu umarmen.
Körperlich bin ich gesund, es fragt sich nur, wie lange noch. Als Europäer bekomme ich besseres Essen, damit kann man hier zufrieden sein. Hierzu stelle ich auch keine großen Ansprüche. Alles andere ist beschissen. Ich bin mit weiteren drei Personen in einer kleinen Zelle, da kann einem das Leben zur Qual werden.
Bitte benachrichtigt O., S. und B. von der Angelegenheit, ich darf nur einen Brief pro Woche schreiben. Sagt ihnen, ich werde sie nicht vergessen, und daß ich wahrscheinlich nicht mehr als der Frank zurückkommen werde, der ich einmal war. Ich kann natürlich nicht erwarten, daß ihr mir schreibt, aber wenn Ihr es tut, würde ich mich freuen. Bitte nehmt mir nicht den Mut und das bißchen Hoffnung, das ich noch habe. Bemitleidet mich nicht, ich habe mir das selber zuzuschreiben. Entschuldigt bitte, daß ich Euch dieses Jahr das Weihnachtsfest verderbe. Es lag ganz gewiß nicht in meiner Absicht. Es hat momentan keinen Zweck, sich Gedanken über meine Zukunft zu machen, es liegt alles in der Luft. Reißt Ihr Euch zusammen,

vielleicht schaffe ich es auch. Ich werde mich hoffentlich bald an das Gefängnisleben gewöhnen. Der Spruch „Was nicht tötet, härtet ab“ ist nun kein Spaß mehr ... Jedesmal, wenn ich einen Brief von Euch bekam, war ich sehr froh und glücklich, weil ich merkte, daß Ihr so stolz auf mich seid. Das könnt Ihr jetzt nicht mehr. Es grüßt Euch Euer Sohn, Bruder und Enkel

Frank

Wann werde ich die Antwort erhalten? Ich freue mich auf den Besuch der Botschaft, von Frau Klose oder Herrn Hildebrand, aber viel können die wohl auch nicht tun. „Wir werden unser Bestes tun, Herr Förster, daß es nicht zum Schlimmsten kommt. Wir werden versuchen ...“ Ach Scheiße, ich will nicht hören, daß das Schlimmste verhindert werden kann. Ich will hier raus, endlich nach Australien.

Ich bin Menschen wie Omar sehr dankbar. Der 50jährige Malaye spricht verblüffend gut Englisch. Obwohl er kaum etwas über meinen Fall weiß, versichert er mir immer wieder, daß man mich freilassen wird. Ich weiß, daß er das nur sagt, um mich zu beruhigen, aber ich höre es gerne. Sicher sieht er meine Unruhe und meine Angst. Gestern wurde ich wütend, weil ich in der Ration nur ein paar kleine Kartoffelstückchen fand und ich Hunger hatte für die vierfache Menge. Vor lauter Wut knallte ich den Plastiklöffel auf den Boden, so daß dieser in mehrere Stücke zerbrach. Seng schien das sehr lustig zu finden und lachte sich halbtot.

Die Gespräche mit Kevin lenken mich ab. Gestern hat er mir erzählt, er wäre kurz vor diesem Trip bei einer Kartenlegerin gewesen, und die hätte ihm den Tod vorausgesagt. Ich glaube nicht an das Wahrsagen, aber mein Jahreshoroskop, das ich Anfang des Jahres 83 in einer Zeitschrift gelesen habe, kommt mir plötzlich in Erinnerung: „Sie träumen von einem Platz an der Sonne (Australien), werden ihn aber nie erreichen. Und bedenken Sie: ein

Spatz in der Hand ist besser als eine Taube auf dem Dach." Es war nur zu wahr gewesen. Ich habe durch diesen Leichtsinn viel verloren, vielleicht werde ich noch viel mehr verlieren?
Heute besuchte uns Herr Tan. Tan ist ein älterer Chinese, der für Rajasingam, einen der bekanntesten Rechtsanwälte von Penang, arbeitet. Tan war selbst schon unter 39 B angeklagt und saß einige Jahre zuvor in Halle C. Trotz allem scheint er von den Gesetzen wenig Ahnung zu haben. Sein Geschwätz ging mir auf den Wecker. Wir, Kevin, Jeffrey und ich, saßen mit ihm an einem Tisch in dem kleinen Raum im Bürogebäude. Die beiden Australier hatten auch noch keinen Rechtsanwalt engagiert. „Die Gesetze sind sehr hart in Malaysia. Mein Boß, Mr. Rajasingam, wird das Beste für euch tun, aber in dieser Lage müßt ihr auf Gott vertrauen. Nur Gott kann euch wirklich helfen."
Verdammt, dachte ich, das darf doch wohl nicht wahr sein. Der Typ arbeitet für einen Rechtsanwalt und erzählt mir was von Gott. Was hat der denn damit zu tun, daß ich hier drin bin? Ich glaube nicht an Gott, ich bin im Alter von 17 Jahren aus der Kirche ausgetreten. Das war für mich die Konsequenz, weil ich nicht bereit war, eine überirdische Kraft, die Einfluß auf mein Leben hat, anzuerkennen. Ich sprach heute nachmittag meine Gedanken nicht aus, aber Kevin und Jeff dachten bestimmt genauso.
Was hatten wir überhaupt von diesem Besuch erwartet? Niemand kann versprechen, uns aus dieser Situation zu befreien, aber genau das wollten wir hören. Wir haben genug von schlechten Nachrichten.
Ich habe heute über drei Stunden geschrieben, jetzt bin ich müde. Es ist sowieso gleich halb zehn, dann geht das Licht aus, und ich möchte noch meine Zähne putzen.

Ich habe Angst

14. Dezember 1983

Ich will noch die Geschichte der letzten Tage aufschreiben. Jetzt habe ich alles noch in guter Erinnerung.
Bessere Nachrichten brachte uns auch nicht der Rechtsanwalt Kumar. Er hörte sich vorgestern unsere Geschichte an und schüttelte den Kopf. Mir gefiel dieser Typ nicht, er war arrogant und ließ uns fühlen, daß wir nur Gefangene sind. Trotzdem schien er mit beiden Beinen auf dem Boden zu stehen. Er machte uns keine großen Versprechungen, ganz im Gegenteil, er schüttelte nur seinen Kopf. Kumar ist ein sehr dunkelhäutiger Inder, hat einen Bart und trägt mehrere teure Ringe an den Fingern. Für mich und Jeffrey sähen die Chancen sehr schlecht aus, bei Kevin war er etwas optimistischer. „Vielleicht können wir in deinem Fall den Paragraphen von 39 B auf 39 A umändern", sagte Kumar zu mir, es klang nicht sehr überzeugend. Außerdem bedeutet der Paragraph 39 A immer noch eine Mindeststrafe von fünf Jahren, und ich will nicht so lange im Gefängnis bleiben. Ich will raus ... raus, raus, raus. In Malaysia ist es üblich, von der Haftstrafe ein Drittel abzuziehen, übrig bleiben dann immer noch drei Jahre und vier Monate. Ich war total fertig an diesem Nachmittag und rauchte eine Zigarette nach der anderen. Ich habe Angst um mein Leben, Angst, für Jahre lebendig in einem Sarg eingeschlossen zu werden. Ich dachte, die Angst ist schlimmer als der Tod.
In den letzten Tagen fand ich nur sehr wenig Schlaf. Stundenlang liege ich auf meiner Decke und grübele. Es macht natürlich alles nur noch schlimmer. Oft habe ich das Gefühl, als lägen zentnerschwere Säcke auf meiner Brust und ich könnte dann nicht mehr atmen. Manchmal will ich nicht mehr atmen, aber immer wieder füllen sich

meine Lungen mit Sauerstoff. Ich bin nicht bereit, diese Scheiße länger mitzumachen, wer hat ein Recht, mich so lange einzusperren? Diese verdammte Regierung mit ihren unmenschlichen Gesetzen, die ist dran schuld. Die Wärter mit ihren blöden Visagen, die sind auch dran schuld. Und die Polizisten, die Staatsanwälte und Richter, die sind erst recht dran schuld. Alles Schweine!!! Morgens, wenn sich alle 130 Häftlinge von Halle C zum Zählen in den Korridor setzen müssen, dann stelle ich mir vor, diese Wärter und Offiziere eines Tages alle zu erschießen. Ich will dieses Gefängnis zerstören, diese gottverdammte Insel versenken. Ich will diese Menschen quälen, sie sollen einen langsamen Tod haben, sie sollen erkennen, was sie anderen Menschen antun. Am eigenen Leib sollen sie es spüren, wie man sich fühlt, wenn man 23 Stunden am Tag in einer kleinen Zelle eingesperrt ist. „Ihr habt die Rechnung ohne Frank gemacht", schrie ich gestern morgen die Uniformierten in meinen Gedanken an, „ich komme hier raus, und dann komme ich zurück!" Auf diese Weise kann ich mich abreagieren, und das tut gut.

„Kopf hoch"

16. Dezember 1983

Heute erhielt ich wieder einmal Besuch von Herrn Hildebrand. Er ist Honorarkonsul der Bundesrepublik Deutschland und Geschäftsführer einer deutschen Firma in Penang. Er war mir vom ersten Augenblick an sehr sympathisch. Herr Hildebrand wirkt wie ein seriöser Geschäftsmann, dem man Vertrauen schenken kann. Wir saßen im Büro des Wohlfahrtsbeamten, Herrn Mot. Er stellt uns sein Zimmer gern zur Verfügung, wenn in dem Office alle Tische für Besucher schon besetzt sind. Die gewöhnlichen Besucherräume sind auf der anderen Seite, wo man sich nur durch zweireihigen, sehr feinen Maschendraht unterhalten kann. Aber Leute von der Botschaft oder auch Rechtsanwälte haben das Privileg, sich mit den Gefangenen an einem Tisch im Bürogebäude zu unterhalten.

„Ja, Herr Förster, ich habe mich im Kreis meiner Geschäftsfreunde umgehört, und es wurde mir bestätigt, daß Rajasingam ein guter Rechtsanwalt ist. Ich habe mich gestern nachmittag mit ihm zusammengesetzt und ihn, soweit ich informiert bin, über Ihren Fall aufgeklärt. Er hat ein paar Vorschläge ausgearbeitet, die er Ihnen gleich vorstellen wird." So begrüßte mich Herr Hildebrand an diesem hoffnungsvollen Morgen. Ich mag diesen Mann, ein Funke Optimismus springt immer über, wenn er mich besucht, was leider viel zu selten ist. Er hat ein gewisses Lächeln, was sicherlich seine eigene Art ist, jemandem auf die Schulter zu klopfen und zu sagen „Kopf hoch".

Wenige Minuten später lernte ich dann endlich den berühmten Mr. Rajasingam kennen. Er ist Inder, hellhäutiger als Kumar und einige Jahre älter. Ich schätze ihn auf 50. Rajasingam trug eine Brille, am linken Arm eine schwere, bestimmt teure Uhr und einen goldenen Ring, der mit neun bunten Edelsteinen besetzt ist. Sein Hemd trug er locker über der Hose, die Ärmel waren bis zum Ellenbogen hochgekrempelt. Ich wußte nicht, was ich von diesem Mann halten sollte. Manche nennen ihn ein Schlitzohr, ich bin mißtrauisch, und doch ist mir dieser Staranwalt nicht unsympathisch. Es sieht sehr vielversprechend aus, was mir Rajasingam anzubieten hat. „Wir haben in deinem Fall eine sehr gute Chance, den Paragraphen zu ändern. Nächste Woche muß ich sowieso nach Kuala Lumpur, und dann werde ich deinen Fall bei dem Oberstaatsanwalt zur Sprache bringen. Eine Änderung

nach Paragraph 12 ist durchaus möglich. Wir können davon ausgehen, daß man dich mit einer Geldstrafe von 5 000 Dollar laufen läßt." Der Inder hatte noch sehr viel mehr Vorschläge. Den Optimismus muß er mit dem Suppenlöffel gefressen haben.
Seit diesem Besuch bin ich etwas hoffnungsvoller und zittere dem 6. Februar entgegen. Mit viel Glück könnte ich vielleicht doch die Freiheit wiedererlangen. Es wäre zu schön, um wahr zu sein.
Vor einer Woche hatte ich Kevin von meinem Kirschwein erzählt. Ich hatte im Sommer 1982 in einem Garten mehrere Kisten voll Kirschen gepflückt, aus denen ich 140 l Wein herstellte. Bob fragte mich, ob man das auch mit Äpfeln und Apfelsinen machen könnte. Als Ausländer bekommen wir jeden Tag einen Apfel oder eine Apfelsine, die anderen Häftlinge erhalten Bananen. „Ich denke schon", sagte ich, „Apfelsinen sind besser als Äpfel, die sind saftiger." – „Warum wollen wir es nicht versuchen, Frank?" fragte Bob. „Warum nicht", antwortete ich, „der Saft müßte bei diesem Klima auf jeden Fall anfangen zu gären." So sammelten Bob, Kevin, Jeff und ich in den darauffolgenden Tagen unsere Orangen. Innerhalb weniger Tage hatten wir 25 Früchte, da wir mit den anderen Ausländern, die schon verurteilt sind und in dem anderen Teil der Halle C ihre Zellen haben, Tauschgeschäfte machten.
Es gibt 14 Weiße im Gefängnis von Penang, die meisten kommen aus Australien, George ist aus England, Robert Muir aus Amerika, und Beatrice Saubin, die zunächst zum Tode verurteilt worden ist und dann zu 20 Jahren begnadigt wurde, ist aus Frankreich. Außer Beatrice kamen alle anderen mit einer Haftstrafe von drei Jahren davon, weil man sie 1982, also noch vor der Gesetzesänderung im April 1983, mit kleineren Mengen Heroin gefaßt hatte. Seltsam, denke ich, hätte man diese Menschen ein Jahr später festgenommen, wären sie alle zum Tode verurteilt worden.

Ich drückte die Apfelsinen aus und vermischte den Saft mit einem Drittel Wasser und viel Zucker und wartete, bis der Gärprozeß einsetzte. Der ließ nicht lange auf sich warten.

Wer Heroin besitzt, kommt an alles ran!

18. Dezember 1983

10 Uhr. In unserer Zelle sieht es noch etwas wüst aus vom gestrigen Abend. Es war kurz nach 21 Uhr, als wir das Quietschen der schweren Eingangstür hörten. Gleich darauf vernahmen wir das gewohnte Klack, Klack. Wir wußten, daß jemand im Erdgeschoß die alten, aber stabilen Sicherheitsschlösser öffnete. Dieses Geräusch war uns sehr vertraut, besonders morgens um 7 Uhr warten wir ungeduldig auf das Rasseln der Schlüssel. Corporal Singh trägt etwa ein Dutzend dieser Schlüssel an einem Ring. Er ist für Halle C verantwortlich. Er ist Inder, von der Religionsgemeinschaft der Sikh. Sein dunkelgrüner Turban paßt zu der hellgrünen Uniform. Ich schätze ihn auf sechzig Jahre. Zu seiner Uniform gehört ein Holzknüppel, der am Gürtel hängt. Ich glaube nicht, daß der Corporal ihn während seiner dreißigjährigen Dienstzeit jemals brauchte. Er benutzt den Knüppel, um den Schlüsselring daran einzuhängen, und das verursacht bei jedem Schritt ein rasselndes Geräusch. Ich höre dieses Rasseln sehr gerne. Morgens höre ich es zunächst aus der Ferne, denn 179 liegt vom Eingang weit entfernt. Aber dann kommen dieses Rasseln und dieses Klack, Klack immer näher, bis auch unsere Zelle endlich an der

Reihe ist. Das geschieht morgens und zu den Dusch- und Eßzeiten.
Aber gestern abend wunderte ich mich, denn es war außergewöhnlich, daß man um diese Zeit die Türen öffnete.
„What is that?“ fragte ich Ah Phun.
„Checking“, war seine Antwort, also eine Durchsuchung. Das Geräusch kam immer näher. Es dauerte lange, bis man unsere Zelle erreichte. Zuvor hörte ich Stimmen und den Klang von Blechbüchsen, die auf den Boden fielen. Ich hatte kein gutes Gefühl, versuchte aber trotzdem cool zu bleiben. Kevin lag am Boden und schrieb ein Aerogramm. Er ließ sich von den Officern nicht stören, als diese zu viert in unsere Zelle kamen. Ah Phun und ich standen auf und setzten uns draußen auf die Geländerstange. Einer der Officer riß dem Australier das Aerogramm aus der Hand und meinte, er solle sich nach draußen verziehen. Kevin war sehr aggressiv und lehnt sich immer gegen Vorschriften auf. „Fuck, fuck, fuck“, sprudelte es aus ihm heraus, „the hell with you, you bloody bastards!“
Das sind für Kevin ganz gewöhnliche Schimpfwörter, mit denen er sich Luft macht. Bei dem Officer Rashid stieß er damit auf wenig Verständnis. Dieser gab ihm kurzentschlossen einen Tritt in den Hintern. Kevin setzte sich zu mir auf die Stange.
„Kleine Kinder“, sagte er auf Deutsch, was mich verblüffte.
„What is this?“ fragte einer der Officers und hielt ein paar Geldscheine in der Hand. Kevin hatte wenige Tage zuvor Besuch erhalten und es geschafft, 18 Dollar in seinen Unterhosen hereinzuschmuggeln. Bargeld ist illegal, und so nahm man es ihm gestern abend weg. Heute morgen wurde Kevin ins Tutop (Strafhaft) geschickt. Aber das hat er sich selbst zu verdanken. Zuvor hatte Bob ihm noch geraten, Ruhe zu halten und froh zu sein, wenn man ihn nicht bestraft. Aber Kevin fand das ungerecht und be-

schwerte sich über die unfaire Behandlung. Kurz darauf erhielt der Corporal den Auftrag, ihn nach Halle B ins Tutop zu schicken.

Was wird er jetzt tun, frage ich mich. Sicherlich flucht er und tobt rum. Ich weiß nicht, wie das Tutop aussieht. Nur von Erzählungen her weiß ich, daß die Tutopzellen in der Halle B liegen.

14 Uhr. Ich kann nicht mehr. Ich will nicht mehr. Ich bin fertig. Vor ein paar Stunden bekam ich zwei Briefe. Einer von meiner Mutter, der andere von meinem Freund. Es sind die ersten Briefe. Meine Mutter schreibt, daß sie geschockt war von der Nachricht. Aber sie schreibt auch, sie würde mir helfen, mich nicht im Stich lassen, ich solle nicht verzweifeln, und sie hätte mich immer noch lieb. Verdammt, was hatte ich denn anderes erwartet? Mir wäre wohler gewesen, wenn sie mich angemacht und mir verboten hätte, je wieder nach Hause zu kommen. Ein kräftiger Tritt in den Hintern hätte mir besser getan. Es war nicht so. Meine Familie und auch die meines Freundes, die halten alle zu mir. Deshalb habe ich geweint. Tränen liefen mir über die Wangen, der Schweiß rann mir über Brust und Rücken. Ich bin fertig. Ich will nicht mehr.

16 Uhr. „Frank, Frank ... Frankie!“ Ich erkenne die Stimme des Engländers George. Hätte ich ihm nur nie den Gefallen getan, gelegentlich ein paar kleine Päckchen Heroin von Jeff an ihn weiterzugeben. Bob hatte mich gewarnt. „Tu es nicht, Frank. Die machen einen Laufburschen aus dir. Die nutzen dich aus.“

Jetzt habe ich den Salat. Wenn George nur mit diesem verdammten „Frankie“ aufhören würde. Jeder weiß, daß George den ganzen Tag hinter Dope her ist. Ich möchte nicht, daß mein Name in Verruf gerät. Ich klettere an der Tür hoch, stelle mich mit den Füßen auf die Scharniere und klammere mich an den Gittern fest. Unsere Zelle liegt an der Trennwand, und wenn ich meinen Arm aus dem Fenster strecke, kann ich den Stacheldraht

berühren und auch kleinere Gegenstände entgegennehmen.
„Hey George."
„Hey Frank, kannst du ...?"
„Nein, tut mir leid, George, ich möchte dir nicht mehr helfen. Ich möchte nicht, daß ich da hineingezogen werde. Du weißt, ich habe mit Dope nichts zu tun."
„Okay Frank, ich verstehe", George war enttäuscht, „nur noch einmal ..."
„Nein, George, tut mir leid, ich kann dir nicht mehr helfen!"
Der Engländer ist drogenabhängig. Bestimmt braucht er täglich Heroin, aber ich kann diese Süchtigen nicht verstehen. Georges Wimmern und Flehen läßt mich kalt. „Frankie ... Frankie", ruft Bob von 200, und ich höre das Lachen von Seng und Grandfather. Ich glaube, daß mich George nicht mehr belästigen wird.
18 Uhr. Tock, tock, tock ... tock, tock, tock.
Lai Mai Yeu ist unser neuer Zellengenosse. Ah Phun hatte ihn heute morgen, kurz nachdem Kevin weggebracht wurde, in die Zelle geholt. Das tat er nicht ohne Grund. Ah Phun raucht auch Heroin, und Lai Mai Yeu ist als Dealer bekannt. Jetzt sitzt Yeu in der Ecke, wo die Wärter nicht hinsehen können. Tock, tock, tock ... Er hat den Latrineneimer zur Seite geschoben und klopft den Zement zwischen den Sandsteinplatten auf. Ich weiß nicht, wo er den Stein und den plattgeschlagenen Nagel, die er als Hammer und Meißel benutzt, herhat. Aber eines habe ich schon gelernt: Wer Heroin besitzt, kommt an alles ran! Unten im Korridor läuft das Radio, so kann der Wärter das Klopfen in unserer Zelle nicht hören.
20 Uhr. Es hat ein paar Stunden gedauert, aber jetzt ist Lai Mai Yeu fertig. Das Loch ist ein paar Zentimeter tief und gerade groß genug, um ein Päckchen Heroin darin zu verstecken.
Es gibt zwei Arten Päckchen. Ein kleines enthält ein paar Krümel Heroin, die man kaum sieht. Es hat den Wert

einer Schachtel Zigaretten. Ein großes Päckchen wiegt 10 g und ist etwas kleiner als eine Streichholzschachtel. Solch ein Päckchen kostet draußen zwischen 100 und 120 Dollar, innerhalb der Gefängnismauern 350 Dollar.
Lai Mai Yeu hat ein großes Päckchen. Es ist in Plastik eingeschweißt. Das Heroin hat eine rosarote Farbe. Ich staune nicht schlecht, als er jetzt eine kleine Menge Zement hervorholt und mit etwas Wasser zu einem Brei rührt. Wenn Yeu die Fuge wieder abdeckt, kann man bestimmt nichts mehr erkennen.
Ah Phun erklärt mir in gebrochenem Englisch Yeus Geschichte. Yeu ist erst seit wenigen Tagen wieder in Halle C. Die letzten Wochen mußte er im Tutop verbringen. Er war zuvor mit Lee Kai und zwei weiteren Chinesen in einer Zelle. Ganze zehn Päckchen versteckten sie im Boden; die Stelle wurde immer mit Zement abgedeckt. Aber mit Chung Khan hatten sie nicht gerechnet. Er kannte das Versteck, klaute in Lee Kais Abwesenheit fünf Päckchen und informierte den Officer über den restlichen Stoff. Natürlich nahm niemand der fünf Insassen die Schuld auf sich. Bei einer Menge von 50 g kann es schon sehr brenzlig werden. Die Gefängnisleitung steckte alle ins Tutop. Die Zeit verstrich, man drohte, den Fall bei der Polizei anzuzeigen. Dann passierte etwas, was ihre aussichtslose Lage plötzlich veränderte. Für den alten Chinesen waren die Haftbedingungen im Tutop zu hart. Er starb.
Die anderen drei reagierten schnell. Sie sagten aus, daß das Dope dem alten Mann gehörte und sie nichts damit zu tun hätten. Ein Toter kann sich nicht verteidigen, außerdem konnte es ihm ja sowieso egal sein. Yeu, Lee Kai und Ti freuten sich, als man sie wieder zurück in Halle C ließ. Hier kann man jetzt den gewohnten Geschäften wieder nachgehen.
Lai Mai Yeu machte zwei große Fehler in seinem Leben. Er tat sich mit vier Freunden, unter anderem Lee Kai, zusammen und entführte eine Ärztin. Es dauerte fast einen

Tag, bis sie feststellten, daß sie die falsche Ärztin gefangenhielten, und sie ließen ihr Opfer dann frei. Die Polizei nahm sie alle kurze Zeit später fest. Das ist jetzt über drei Jahre her. Mit Lee Kai machte Yeu seit 1982 Heroingeschäfte im Gefängnis. Aber im Gegensatz zu seinem Freund wurde Yeu neugierig, und das war sein zweiter großer Fehler. Jetzt ist er nicht mehr Herr, sondern Sklave dieser scheußlichen Droge.

„Ihr seid alle Sünder ..."

1. Januar 1984

Heute ist Neujahrstag. Weihnachten liegt eine Woche zurück. Nie hätte ich es für möglich gehalten, dieses Fest einmal im Gefängnis zu feiern. Aber von Feiern kann nicht die Rede sein. Eine Weihnachtsstimmung kam bei mir und den anderen nicht auf. In Malaysia gibt es keinen Schnee, keine Kälte und auch keine Tannenbäume. All das ist für mich eng mit Weihnachten verbunden. Zum Glück gibt es Mr. Clement. Er begleitete uns am 25. 12. rüber zur Badminton-Halle. An diesem Morgen gab es für jeden, der sich als Christ ausgab, ein kleines Programm. Zunächst mußten wir eine Predigt über uns ergehen lassen, die vom Englischen auch noch ins Chinesische übersetzt wurde.

„Ihr seid alle Sünder. Aber es gibt jemanden, der gerne bereit ist, euch eure Sünden zu vergeben, denn er ist für die Sünden dieser Welt und die jedes einzelnen von euch gestorben. Nehmt ihn an, glaubt an ihn. Jesus Christus ist Gottes Sohn. Wer auf ihn vertraut, ist frei. Wenn ihr zurückgeht in eure Zellen, dann ruft euch Vers 8 im Hebräerbrief, Kapitel 13, in Erinnerung. Da steht:

Jesus Christus ist derselbe gestern, heute und in Ewigkeit."
Natürlich rief ich mir diesen Unsinn nicht wieder in Erinnerung, sondern sah mir lieber den Video an, der kurz danach gezeigt wurde.
Kevin ist wieder in unserer Zelle. Er machte den Jungs im Tutop die Hölle heiß, bis man es aufgab und ihn nach drei Tagen wieder zurückschickte. Halle B gliedert sich an Halle C in einem Winkel von 90 Grad an. Sie ist haargenau in dem gleichen Stil gebaut und sieht von innen und außen genauso aus. Dort gibt es die Rotkragen, so nennen wir die Leute, weil jeder Verurteilte in den ersten drei Monaten seiner Haftzeit einen roten Kragen trägt. In dieser Zeit darf man nicht rauchen, man hat nur eine Decke und sehr wenig Freizeit. Erst danach wird ein grüner Kragen angenäht, und man darf in Halle A umziehen, wo die Bedingungen erträglicher sind.
Derrick muß noch weitere zwei Monate in Halle B bleiben. Vielleicht hat er auch ein paar Bohnen ins Genick bekommen, als Kevin vor zwölf Tagen sein Frühstück aus seiner Tutop-Zelle im oberen Stockwerk über die Gefangenen ausschüttete, als sie sich unten im Korridor in Fünferreihen zum Zählen hinsetzen mußten. Das brachte Kevin keine Freundschaft ein, auch nicht, als er später seinen Latrineneimer in den großen Wassertank tauchte, aus dem jeder sein Wasser zum Waschen entnimmt. Ich kann mir ungefähr die Reaktionen der Gefangenen und auch der Wärter vorstellen.
„Arschloch, Drecksack", fluchten die einen, „Idiot" die anderen. Kein anderer Gefangener hätte sich getraut, so etwas zu tun, aber Kevin freut sich heute noch darüber. Er weiß, daß man ihm als Mat Salleh kaum etwas anhaben kann. Wir Weißen haben die Möglichkeit, uns bei der Botschaft zu beschweren, das wissen die Wärter und auch die Officers. Nicht selten kommt es deshalb vor, daß man uns nach unserem Wohlergehen fragt, kurz bevor der Besuch der Botschaft angesagt ist.

Unten sind mir die Mäuse über den Kopf gesprungen

19. Januar 1984

Am liebsten würde ich umziehen. Mit Bob würde ich mich bestimmt sehr gut verstehen. Aber seine Zelle ist schon voll, und mit mehr als vier Leuten wird es ungemütlich. Kevin achtet nicht auf Sauberkeit; seine Becher wäscht er nie aus, und in den Ritzen seines Pappkartons befindet sich immer Zucker. Das zieht die Ameisen an. Hunderte von diesen Tierchen krabbeln an der Wand entlang und tragen Brotkrümel und Zuckerkristalle wieder zurück. Einige verlaufen sich. Sie sind auf meiner Decke und meinem Rücken. Scheißviecher. Unten in 128 sind mir die Mäuse frühmorgens über den Kopf gesprungen. Das hat mich nicht soviel gestört wie diese blöden Ameisen. Ah Phun hat die Löcher und Schlitze mit Zahnpasta verschmiert, aber das hält sie auch nur für wenige Stunden fern.

Wenn wir Kevin rauswerfen, habe ich niemanden mehr, mit dem ich mich unterhalten kann. Ah Phun und Yeu rauchen ununterbrochen Heroin.

Irgendwie bin ich froh, daß Kevin in unserer Zelle ist. Da gibt es manchmal wenigstens etwas zu lachen. Letzte Woche hat er die Ananasmarmelade, die wir Ausländer alle 16 Tage bekommen, gegen Ganja eingetauscht. Ganja ist in Asien der geläufige Ausdruck für Marihuana. Es ist gar nicht so einfach, hier an Ganja ranzukommen, denn vom Profit her ist es fast uninteressant, damit zu handeln. Kevin erhielt einen Stick für zehn Dollar, der draußen für 1,50 Dollar zu haben ist, er bezahlte allerdings in Naturalien. Die Gefängniswährung ist Heroin, Zigaretten oder Kantine, das sind Büchsen mit Milchpulver, Bohnen in Tomatensauce, Sardinen, aber auch Tee, Zucker und Kaffee, also das,

was wir uns monatlich im Wert von 15 Dollar kaufen dürfen.
Kevin konnte es natürlich kaum abwarten. Gleich nachdem die Türen um halb 4 Uhr geschlossen wurden, fing er an, sich einen Joint zu drehen. Aber so einen Joint raucht man nicht gern allein, und so bot er mir an mitzurauchen. Eigentlich wollte ich gar nicht. Ich war nicht scharf auf das Zeug. Früher hatte ich ein paarmal Hasch geraucht, aber nie gute Erfahrungen damit gemacht. Allerdings auch nicht so schlechte, daß sie mich abschreckten, ein paar Züge zu nehmen. Ich rauchte also etwas, mehr oder weniger, um Kevin einen Gefallen zu tun. Die Wirkung setzte eine Viertelstunde später ein. Ich selbst spürte nichts, wohl deshalb, weil ich das Zeug nie regelmäßig geraucht hatte, und beim ersten Mal ist die Wirkung kaum oder nicht zu spüren. Nur Kevin fiel auf, daß ich mich plötzlich über alles kaputtlachte.
Wir fingen an zu singen, zu lachen und waren in einer total ausgelassenen Stimmung. Der Australier amüsierte sich am nächsten Morgen noch darüber.
Vorgestern wurde er wieder rastlos und lief in der kleinen Zelle auf und ab. Die beiden Chinesen sind ständig zu und haben wahrscheinlich überhaupt kein Zeitgefühl.
Für mich ist das Gefängnisleben eine große Umstellung. Zu Hause war ich immer aktiv. Ich trieb viel Sport, spielte Volleyball, turnte, schwamm, joggte und war oft bei Freunden. Jetzt habe ich Angst, daß ich körperlich auf den Hund komme. Hier habe ich keine Möglichkeit, Sport zu treiben. Ab und zu gehe ich in der Zelle auf und ab und muß dabei über Kevins Füße und dann vorsichtig zwischen Yeu und Phun treten.
Abends um 7 Uhr wurde Kevin unruhig. „Hey Frank“, schoß es plötzlich aus ihm heraus, „ich habe eine tolle Idee.“ Er nahm eine leere Plastiktüte aus dem Karton und füllte sie mit Wasser. Dann kletterte er begeistert an der Tür hoch, steckte die Wasserbombe durch die Gitter und schwang sie über die Trennwand, so daß sie auf der ande-

ren Seite aufklatschte. Natürlich hörten wir gleich darauf den Wärter, er hatte es also bemerkt. Das konnte nur wieder Ärger bedeuten. Ich vertiefte mich in meine Lektüre, es war irgendein billiger Westernroman, weil ich mich auf etwas Anspruchsvolleres nicht konzentrieren kann. Es lugte jemand durch das kleine Loch. Ich traute mich nicht hinzusehen, so konnte ich eigentlich gar nicht wissen, ob da jemand war, aber ich fühlte es. Im Laufe der Zeit bekommt man ein Gespür, wenn man beobachtet wird, vielleicht bilde ich mir das aber oft nur ein. Es war einige Minuten mäuschenstill, selbst Kevin wurde mulmig zumute. Aber dann vernahmen wir, wie sich Schritte entfernten, und konnten aufatmen.

Gestern gingen wir ins Hospital. Ich fühlte mich nicht krank, aber Bob meinte, es sei eine willkommene Abwechslung, auf dem Weg solle ich mir eine Krankheit ausdenken. Das Hospital liegt auf der anderen Seite des Gefängnisses. Auf dem Weg dorthin sieht man die Schreinerei, die Bäckerei, die Küche und viele Blumenbeete. Die Sonne, die ich normalerweise nur kurz während der Duschzeiten sehe und spüre, tut gut. Wenn die Sonnenstrahlen auf meine Arme scheinen, erinnere ich mich an Indien, Nepal und Sri Lanka. Wehmütig denke ich an diese drei Monate zurück, es war eine sehr glückliche Zeit in meinem Leben. Gestern morgen blieb mir keine Zeit zum Träumen. Wir gingen in Zweierreihen und mußten uns an die Wand drücken, als uns die Cookies mit ihren Wagen entgegenkamen. Die Cookies, so nennen wir die Jungs, die in der Küche arbeiten, trifft man überall an. Sie müssen dreimal täglich die Rationen verteilen, die sie auf Wagen zu den Hallen schieben.

Im Hospital ist immer etwas los, besonders wenn ein paar Mädchen vom Frauengefängnis rüberkommen. Beatrice nutzt jede Gelegenheit aus, um unter Männer zu kommen. Ich kann sie gut verstehen. Sie ist schon seit vier Jahren gefangen und hat noch über neun vor sich, wenn man sie nicht vorher wegen guter Führung begna-

digt. Aber das ist in einem Drogenfall noch nie vorgekommen. Gestern bin ich der Französin wieder begegnet. Wir konnten uns nicht sprechen, sondern nur Blicke austauschen. Ihr tat das bestimmt genauso gut wie mir. Später wurde ich endlich aufgerufen. Es gibt zwei Fachkräfte: Mr. Lee, ein Chinese, und Haji, ein Malaye.
Ich setzte mich zu Haji.
„Nun, was gibt's?" fragte er. Ich hatte mir etwas einfallen lassen. „Ich habe Kopfweh, aber nur morgens, gleich nach dem Aufstehen. Das hält etwa eine Stunde an, und danach ist es wieder in Ordnung. So etwas hatte ich vorher noch nie gehabt."
Ich sah ihm ernst ins Gesicht, obwohl ich mir das Lachen verkneifen mußte. Haji nickte, nahm eine alte, angerostete Taschenlampe und sah mir in die Augen. Ich konnte mich kaum noch zusammenreißen, als er mir dann erklärte, ich hätte zu wenig rote Blutkörperchen. Ich erhielt eine Tüte mit 20 Tabletten, von denen ich täglich drei nehmen sollte. Die warf ich später sofort weg.
Wer wird so eine Handlung verstehen? Nur derjenige, der in Halle C sitzt und tagein, tagaus nur die Wände, die Mauern und den Stacheldraht sieht.
Seit einigen Tagen haben wir einen neuen Officer in Halle C. Der alte war ein Schlitzohr, was wohl auch dem Gefängnisdirektor zu Ohren gekommen ist, und man hat ihn deshalb versetzt. In Halle C werden die meisten Heroingeschäfte gemacht, weil hier die großen Dealer sitzen, die es sich leisten können, ein oder mehrere Päckchen durch die Wärter hereinschmuggeln zu lassen. Vielen davon dient der Stoff nur als Zahlungsmittel. Die 15 Dollar Kantine im Monat reichen nicht aus, und jeder, der nicht abhängig ist, sucht nach Möglichkeiten, an mehr Kantine heranzukommen. Die Süchtigen wiederum sind gerne bereit, ihre Nahrungsmittel gegen Heroin einzutauschen. Das reicht aber nicht aus, und so müssen zusätzlich Nahrungsmittel in unsere Halle geschmuggelt werden. Einiges läuft durch unsere Zelle,

weil sie so nahe an der Trennwand liegt und die Jungs auf der anderen Seite uns das spätnachmittags durchreichen können. Ah Phun finanziert sich auf diese Weise einen Teil seiner Sucht.
Oft fliegen auch während der Essenszeiten Pakete durch die Luft, und das Heroin wird als Gegenleistung durch die Schlitze in der Trennwand gesteckt. Dabei muß man natürlich aufpassen, welche Wärter Dienst haben. Manche sehen absichtlich in eine andere Richtung, aber es gibt auch einige scharfe Hunde, die immer ein Auge auf diese Lücken werfen. Wer unvorsichtig ist, endet schnell im Tutop. Aber es gibt viele Lücken, und die Versuchung ist groß.
Die Lebensmittel auf der anderen Seite werden aber bei einer anderen Firma bestellt und tragen andere Etiketten. Der Zwei-Stern-Officer Govinda checkte alle zwei Wochen unsere Zellen und konfiszierte alle „fremden" Büchsen. Dabei konnte er leicht einen großen Bastkorb füllen. Nach den Gefängnisvorschriften muß jeder, der mit den anderen Büchsen in seiner Zelle erwischt wird, mit Tutop rechnen. Aber das lag nicht in Govindas Absicht. Man sagte mir, daß er die gesammelten Nahrungsmittel von Gefangenen in die Abstellkammer der Werkstatt bringen ließ. Dort soll er die Büchsen innerhalb von wenigen Tagen gegen Bargeld, Zigaretten, Zahnpasta und Seife eingetauscht und die Preise festgesetzt haben. Auf seine Waren schlug er großzügig 20% auf, bei den Zahlungsmitteln der Gefangenen erkannte er den normalen Wert nicht an. Die Waren trug er dann zu seinem Freund, der in dem Besucherraum arbeitet, und dort wurde dann alles wieder zu regulären Preisen verkauft.

Der erste Haschisch-Fall in der Geschichte Malaysias

16. Februar 1984

Ich habe seit einigen Wochen nichts mehr geschrieben, weil doch immer wieder das gleiche geschieht. Ständig der gleiche Trott.
Vor zehn Tagen hat man meinen Gerichtstermin vertagt. Sicherlich war es eine Illusion zu glauben, ich würde sofort an die Reihe kommen, während andere jahrelang warten müssen. Andererseits ist mein Fall auch wieder ganz anders gelagert. Bei mir wurde doch nur ein halbes Pfund Haschisch entdeckt. Es gibt keinen vergleichbaren Fall. Corporal Singh teilte mir vor wenigen Tagen, als er mich zum Office brachte, mit, daß man im Fernsehen kurz von mir berichtet hatte. Es hieß, mein Fall sei der erste Haschisch-Fall in der Geschichte Malaysias. Er selbst schien nicht viel Verständnis für die harten Gesetze in diesem Land zu haben.
Yeap wurde letzte Woche zu vier Jahren verurteilt. Hätte ich nur auch einen umgebracht, geht es mir durch den Kopf, dann käme ich auch mit ein paar Jahren davon. Vor einigen Wochen schilderte er mir seine Tat.
„Es war ein Bandenkrieg. Hier in Penang gibt es eine Menge Banden, und wir dürfen uns von den anderen nicht alles gefallen lassen. Es gab Ärger, und so trugen wir den Kampf aus. Ich stieß dem Typ das Messer in die Brust und dann noch zweimal, um auf Nummer sicher zu gehen."
Yeap lachte, als er mir das erzählte. Er hat ein Menschenleben ausgelöscht und kommt mit vier Jahren davon! Aber einer, den man mit einer gewissen Menge Drogen schnappt, wird zum Tode verurteilt, obwohl er noch keinen Schaden damit angerichtet hat!
Während des chinesischen Neujahrsfestes taten Ah Phun

und Lai Mai Yeu kein Auge zu. Sie jagten 24 Stunden am Tag den Drachen. Ich fand es dumm. Aber ich habe kein Recht, diese Handlungsweise zu verurteilen. Ich bin nicht drogenabhängig und kann die Gefühle eines Süchtigen nicht verstehen. Trotzdem freute ich mich, als Yeu letzte Woche feststellte, daß er kein Dope mehr hatte.
„Heute nacht wird er anfangen zu bereuen, jemals mit dieser Scheiße angefangen zu haben“, sagte ich zu dem Australier.
Ich hatte mich zu früh gefreut. An diesem Nachmittag bekam ich meine erste Lektion, daß man Drogenabhängige nicht unterschätzen sollte. Lai Mai Yeu rief seinen Freund in 125, der Zelle unter uns. Er wußte, daß dieser Dope hatte. Der Wärter konnte nicht verstehen, was gesprochen wurde. Zwar können die Chinesen malayisch sprechen, aber die Malayen können kein Chinesisch. Yeu und Phun sammelten alle Fäden in unserer Zelle, banden sie zusammen und ließen sie an der Außenwand unserer Zelle heruntergleiten. Dabei mußte Yeu auf Phuns Schultern klettern, um das kleine Fenster zu erreichen. Der Freund in 125 band das Päckchen an das Ende des Fadens, und Yeu zog es freudig hoch. „Das war die Angelmethode“, erklärte mir Ah Phun, „es gibt noch eine andere, aber die ist weitaus schwieriger. Dabei muß man dünne Fäden aus der Decke ziehen und zusammenknoten. Das eine Ende wird beschwert, so daß man es mit einem Gummi auf die gegenüberliegende Seite schießen kann. An dem anderen Ende kann man dann die Bestellung befestigen, und es wird vorsichtig wieder rübergezogen.“

Ich will wieder zurück in Halle C

4. März 1984

Seit fünf Tagen bin ich im Tutop. Wenn die mir nur eine Chance geben würden zu erklären, was passiert ist, aber immer wieder vertröstet man mich auf morgen. Ich hab's satt, ich will wieder zurück in Halle C, ich möchte nicht noch länger hierbleiben. Dabei weiß doch jeder, daß ich nichts mit der Sache zu tun habe. Wir haben alle eine Stinkwut auf Kevin. Er hat uns die ganze Scheiße eingebrockt. Warum mußte er denn auch sein Essen gegen Heroin eintauschen? Er stellte sich das viel zu einfach vor. Er wollte den Stoff auf der anderen Seite wieder gegen Nahrungsmittel eintauschen. Aber ohne Beziehungen ist das schwer. Man muß eben die Leute kennen, muß wissen, wem man vertrauen kann. So etwas braucht Zeit, und wir waren noch nicht lange genug in der Halle, um die Risiken abzuschätzen. Ein Risiko ist natürlich immer dabei, irgend jemand muß den ersten Schritt tun, und wenn man so mißtrauisch wie Kevin ist, kommt das Geschäft nie zustande. Ich glaube, er hatte das Heroin zwei Wochen lang in der Zelle versteckt, dabei mußten wir jeden Tag mit einem Checking rechnen, und wenn die Officers in der richtigen Stimmung sind, reißen sie alles von den Wänden, werfen die Decken durcheinander, durchstöbern die kleinsten Ritzen oder wühlen mit einem Löffel im Zucker.

Es passierte am 27. Februar. Das war letzten Donnerstag. Morgens gingen Kevin und Jeffrey vor Gericht und kamen schon um 11 Uhr wieder zurück. Man hatte ihren Fall, wie schon zu erwarten, vom Sessions Court an den High Court geschickt. Die neuen Gesetze lassen keinen Spielraum mehr. Bob hat mit seinen 406 g nur 20 Jahre zu erwarten, Kevin und Jeff würde man nach den neuen Gesetzen zum Tode verurteilen, obwohl nur 179 g in ihrem Koffer gefunden wurden.

Der alte 39 B-Paragraph des Antidrogengesetzes besagte: Wer mit mehr als 500 g Heroin oder Morphium erwischt wird, kann zum Tode oder zu lebenslänglicher Haft (20 Jahre) verurteilt werden.

Der neue Paragraph 39 B, der im April 1983 in Kraft gesetzt wurde, lautet: Wer mit mehr als 15 g Heroin, 200 g Cannabis (Marihuana) oder 1 000 g Opium erwischt wird, gilt als Händler und wird zum Tode verurteilt.

Täglich um 2 Uhr können wir in Halle C das Rasseln der Schlüssel und dieses Klack, Klack … Klack, Klack hören. Es ist dann Zeit zum Duschen, eine willkommene Erfrischung, denn wenn die Sonne erbarmungslos auf die Halle scheint, wird es in den kleinen Zellen sehr heiß. Ich ging als erster mit meiner Schüssel, Seife und Handtuch nach draußen, drehte mich aber sofort wieder um, denn vier Officers waren auf unserer Seite und durchsuchten die Zellen. Ich versteckte meinen Spiegel, den ich zuvor gegen eine Ration Reis getauscht hatte, und warnte die anderen. Ich hatte nichts zu befürchten, wenn die den Spiegel gefunden hätten, hätten sie ihn nur mitgenommen. Dann ging ich raus.

Immer wenn die Officers Zellen checken, herrscht bei uns eine gewisse Spannung. Es gibt kaum eine Zelle, in der man kein Heroin oder etwas anderes, das gegen die Regeln verstößt, finden kann. Leere oder abgeschnittene Büchsen, die wir als Kochtopf oder Kocher verwenden, plattgeklopfte Nägel, die uns als Dosenöffner dienen, Plastikmesser zum Brotschneiden, Eßstäbchen aus Holz, Bilder an der Wand und selbst leere Zigarettenschachteln sind illegal und können konfisziert werden.

„Wer hat heute das Pech“, dachte ich noch, als der Corporal unsere Namen aufrief. „Lai Mai Yeu, Ah Phun, Kevin und Frank, come in.“

„O weh“, dachte ich, „was soll das heißen?“ Alle andern fingen an zu grinsen, zunächst aus Erleichterung und auch aus Schadenfreude. Wir trotteten in unsere Zelle, wo uns die Officers erwarteten. Ach du Schreck, was hatten die Idioten mit unserer Zelle gemacht? Alles hatten sie von der Wand gerissen, Briefe, Streichhölzer, Zigarettenschachteln, Bücher und Decken lagen durcheinander auf dem Boden, und Officer Ali stand mitten drin. Er hielt zwei kleine Päckchen Heroin in der Hand und fragte wütend: „Wem gehört das?" – „Das gehört den beiden", schoß es aus Kevin, und er zeigte dabei auf die Chinesen. Phun und Yeu wollten sich diese Frechheit nicht gefallen lassen und schoben die Schuld auf Kevin.

„Die sind doch drogenabhängig, ich habe damit nichts zu tun. Das läßt sich durch einen Urintest leicht feststellen." Das war sein Trumpf. Hätte man den Urin getestet, wäre dieser bei ihm negativ und bei den Chinesen positiv gewesen. Seiner Meinung nach war das der Beweis, daß er nichts damit zu tun hatte. Aber die Officers hatten ihn vorher schon kennengelernt und konnten ihn nicht leiden. Nachdem Ali die drei rausgeschickt hatte, fragte er mich. „Ich weiß wirklich nicht, wem das Zeug gehört, Mr. Ali. Ich kann Ihnen nur versichern, daß ich damit nichts zu tun habe. Ich ... ich möchte hier nicht in irgendwelche Schwierigkeiten kommen, ich hab schon genug." Ali schien mir zu glauben, es hatte mich ja auch niemand beschuldigt. Die andern drei mußten zum Tuan, dem Boß. Nach 20 Minuten kamen sie zurück. „Was ist los?" – „Tutop!" Meine Zellengenossen packten ihre Sachen: Uniform, Handtuch, Seife, Zahnpasta, Schüssel, Becher und Zahnbürste, gingen die Treppe hinunter und warteten auf eine Eskorte. Plötzlich hörte ich die Stimme des Corporals: „Frank, worauf wartest du noch? Pack deine Sachen." Ich war erschrocken und versuchte mich zu verteidigen: „Jeder weiß, daß ich mit der Sache nichts zu tun habe. Warum muß ich denn jetzt ins Tutop?" – „Befehl vom Boß. Es ist nicht meine Entscheidung, Frank", erwiderte der alte Corporal. Ali begleitete uns zur Halle B. Weil der Australier immer so viel

Schwierigkeiten macht, wies man ihm eine Einzelzelle zu, Phun, Yeu und ich müssen uns eine Zelle mit vier weiteren Gefangenen teilen.
Hier warte ich nun schon seit fünf Tagen. Jeden Tag frage ich den Wärter Adnan, ob er mich bitte zum Office begleiten könne, ich wolle den Tuan sprechen. Vor zwei Tagen traf ich einen der vier Officers auf der Treppe. „Wir wissen, daß du damit nichts zu tun hast, aber wir müssen dich so lange hier festhalten, bis alles geregelt ist. Order vom Boß."
Was hab ich denn davon, wenn die von meiner Unschuld überzeugt sind, und ich trotzdem nicht rauskomme? Zu siebt in einen 2 × 3,80 m kleinen Raum eingepfercht zu sein ist sehr ungemütlich. Wir sind hier 23 Stunden und 40 Minuten am Tag eingesperrt. Nur morgens um 9 Uhr läßt man uns kurze Zeit raus. Die Zeit reicht gerade aus, um die Eimer auszuleeren und zu waschen, die Zähne zu putzen und uns zu duschen.
Der Boden der Zelle ist staubig, wir haben keinen Besen, und die Wände sind an manchen Stellen mit Scheiße beschmiert. Tagsüber haben wir keine Decke, sondern müssen auf dem nackten Boden sitzen, nur mit Shorts bekleidet. Ah Chai vertreibt sich die Zeit mit Schnitzen. Er brach sich ein Stück Plastik von einem Teller und schnitzt aus einem Stück Seife ein Nilpferd, einen Vogel oder einen Buddha. Ah Chai sitzt im Tutop, weil er sich einen kleinen Drachen auf seine rechte Hand tätowierte. Ein anderer Chinese hatte eine Tasse heißes Wasser gestohlen, und ein dritter versuchte, einen Brief an seine Freundin rauszuschmuggeln. Zainol, ein ehemaliger Soldat, wurde beim „Drachenjagen" ertappt.
Von Zeit zu Zeit schob man uns Tabak unter der Tür durch. Zum Anzünden der Zigaretten benutzten wir einen Feuerstein, den Ah Chai in das Ende einer Zahnbürste einarbeitete, indem er das Plastik mit Feuer erhitzte, bis es weich wurde. Es hat den Vorteil, daß der kleine Feuerstein beim Durchsuchen nicht so schnell auffällt

wie eine Streichholzschachtel. Rauchen ist im Tutop strengstens verboten. Gerade gestern wurde ganz unerwartet die Tür geöffnet. Ah Phun hatte keine Zeit mehr, die zwei Rollen Tabak, die kurz vorher ein Freund durch die Gitter geworfen hatte, zu verstecken. Der Wärter holte ihn raus, machte die Tür zu, verprügelte ihn und schickte ihn dann wieder rein. Heute morgen bekam ich von Derrick etwas Tabak. Er hätte ruhig mehr schicken können, denn er schuldet mir sowieso noch zwei Päckchen Zigaretten. Ich weiß natürlich, daß es offiziell gar keinen Tabak in Halle B geben darf.
Als Europäer bekomme ich meine Extra-Rationen. Vor ein paar Tagen war die Büchse Kondensmilch fällig. Aber was hat man von einer Büchse, wenn der Büchsenöffner fehlt? Der eine Chinese wußte zu helfen. In den Fugen der Sandsteinplatten ist der Zement ziemlich rauh. Dort spitzte er eine Zahnbürste an, und damit schlugen wir zwei Löcher in die Büchse.
Ah Chai lehrt mich seit drei Tagen ein chinesisches Lied. Da ich mir den Text schwer merken kann, schreibt er die Wörter an die Wand. Als Tinte benutzt er Asche, die er mit ein paar Tropfen Wasser vermischt hat, und als Feder ein Streichholz. Die ersten Strophen kann ich schon. Das Lied heißt Yäkong.
Yeu hat es doch noch geschafft, an Dope ranzukommen. Er wurde zurück zur Halle C gebracht, um sein Handtuch und sonstige Sachen zu holen. Das war natürlich ein Vorwand. In der Zelle ließ man ihn kurz allein, blitzschnell zerbrach er die dünne Zementschicht, nahm den kleinen Rest Heroin, verpackte es in Plastik und steckte es in den Hintern.
Am Montag bekam ich von dem Wärter Adnan die Erlaubnis, mit Kevin zu sprechen. Ich lugte durch das kleine Loch und sah ihn auf dem Boden liegen. Die Decke hatte er über sein Gesicht gezogen.
„Hey Kevin, ich bin's, Frank." Ich hoffte, ich könnte ihn überzeugen, sich schuldig zu bekennen. „Kevin, ich

finde das überhaupt nicht toll, daß wir alle zusammen im Tutop sitzen müssen wegen deinem Heroin. Was hältst du denn davon, wenn du den Officern klarmachst, daß wir drei nichts damit zu tun hatten? Ich möchte nicht ewig hierbleiben." – „Kommt gar nicht in Frage. Diese verdammten Chinesen haben doch viel mehr Heroin als ich", antwortete er stur. „Aber das Heroin, das gefunden wurde, war deins, und dafür solltest du geradestehen. Wenn du dich als Gentleman zeigst, drückt der Tuan bestimmt ein Auge zu, und du kommst mit drei Wochen davon. Wenn du das nicht tust, dann sitzen wir alle in vier Wochen noch hier."

Erst dann bemerkte ich, daß es fürchterlich stank. Ich blickte mich um und sah plötzlich die flüssige Scheiße unter Kevins Tür. Sie wäre mir beinahe über meine Füße gelaufen. Jetzt hatte ich auch eine Erklärung, warum er sein Gesicht mit der Decke abdeckte – er konnte den Gestank selbst nicht ertragen!

„Hey Kevin, was hast du denn da gemacht?"

„Ha, ha, ha ..." Er nahm seine Decke weg. „Mein Eimer war voll, und die Idioten wollten mich nicht nach draußen lassen, da habe ich die ganze Scheiße gegen die Tür geworfen. Außerdem bin ich seit Donnerstag im Hungerstreik. Ich werde es denen schon zeigen, diesen Bastarden."

Ich mußte zurück, weil Adnan mich rief, ich hätte das sowieso nicht länger ausgehalten. Kevin ist unverbesserlich.

Vielleicht gibt es doch einen Gott

15. März 1984

Zwölf Tage war ich im Tutop, jetzt weiß ich die kleinen Freiheiten in Halle C zu schätzen. Man hat mich schon am Dienstag freigelassen. Zufällig traf ich Mr. Ali, den Officer, während der Duschzeiten. „Mr. Ali, ich bin schon seit zwölf Tagen im Tutop, obwohl wir alle wissen, daß es Kevins Stoff war. Der Scheißkerl will es nur nicht zugeben. Sieht denn der Tuan nicht ein, daß er uns nicht ewig hier festhalten kann?"
Ali nickte und sagte: „Ich verspreche dir, heute noch mit dem Tuan zu reden und die Sache zu erklären."
Ich staunte nicht schlecht, als man mich dann wirklich gegen 11 Uhr zum Office brachte und zu Tuan Zeinor ließ. Ich hatte eine Stinkwut auf Kevin und erzählte dem Tuan, was ich über den Australier wußte.
„Es war Kevins Heroin. Die zwei Chinesen und ich haben nichts damit zu tun."
„Okay", sagte er, „ich lasse dich zurück nach Halle C. Die andern müssen auf die Verhandlung warten."
Zurück in Zelle 179, begann ich zuerst einmal aufzuräumen. Alleine in einer Zelle zu sein ist auch ganz schön. Man hat mehr Platz und Ruhe, aber auf die Dauer ist es besser, wenn man etwas Unterhaltung hat. Dies war der erste Abend, an dem ich seit langer Zeit wieder einmal alleine war. Ich genoß diese Stunden, rauchte in Seelenruhe eine Zigarette und dachte nach. Ich suchte eine Antwort auf die Frage, weshalb gerade ich so tief in der Klemme sitzen mußte. Es gibt sicherlich Tausende von Menschen, die in ihrem Leben viel größere Fehler gemacht haben. Warum ich? Warum hat man mich erwischt? Warum ausgerechnet in Malaysia? Ist es Zufall … Pech? Ich kam mir so hilflos vor. Zum ersten Mal in meinem Leben kann ich mir selbst nicht helfen, sondern muß mich auf andere

Menschen verlassen, Menschen, die ich nicht kenne und denen ich nicht vertraue. Es muß doch jemanden geben, dem man vertrauen kann.
Vielleicht gibt es doch einen Gott?
Ich möchte nicht an Gott glauben. An Gott glauben bedeutet schwach sein. Außerdem kann man nie wissen, was Gott tut, wenn es wirklich einen gibt. Er ist unberechenbar. Das mag ich nicht. Ich möchte mich viel lieber auf mich selbst verlassen. Aber aus dieser Situation kann ich mich allein nicht mehr befreien, das wurde mir in dieser Nacht klar. Ich stand auf und sah aus dem schmalen Fenster in die dunkle Nacht. Mir war nach einem Gebet zumute. Wenn es wirklich diesen Gott gibt, dann müßte er mich ja sehen und wohl auch verstehen.
„Gott", betete ich, „ich kenne dich nicht und verstehe dich nicht. Ich wollte dich nie verstehen und habe dir den Rücken zugekehrt. Diese Suppe habe ich mir selber eingebrockt, aber ich komm da aus eigener Kraft nicht mehr raus. Wenn es überhaupt jemanden gibt, der die Macht hat, mir aus dieser Not zu helfen, dann bist du es. Lieber Gott ... ich habe kein Recht dazu, von dir Hilfe zu erwarten, trotzdem bitte ich dich, hilf mir, ich schaff es nicht alleine."
Dann passierte etwas, was ich nicht erwartet hatte. Draußen leuchtete ein Stern auf. Nur ganz kurz, nur für den Bruchteil einer Sekunde. Ich war ein wenig erschrocken. In diesem Moment, so direkt nach dem Gebet, kam es mir wie ein Augenzwinkern von Gott persönlich vor, aber dann kam mir der Gedanke, es könne auch ein Flugzeug gewesen sein. Ich sah noch zehn Minuten in die Nacht, alles war still. Eingebildet hatte ich mir das nicht, dessen bin ich sicher. Vielleicht war es wirklich so, als hätte Gott sagen wollen: „Frank, ich habe dein Gebet gehört. Nur keine Angst, ich werde dich nicht im Stich lassen."
Es fällt mir schwer, daran zu glauben, denn Gott würde doch nicht extra wegen mir einen Stern aufleuchten las-

sen. Aber ich erinnere mich gern daran zurück, wenn ich verzweifelt bin.

Zwei Tage später rief man mich wieder zum Office. Ich traf Yeu, Phun und Kevin in dem Durchgang vor dem Büro des Tuans. Jetzt sollte wohl die angekündigte Verhandlung stattfinden. Darunter hatte ich mir etwas anderes vorgestellt. Zuerst wurden die beiden Chinesen gerufen, danach ich und als letzter Kevin. Alle drei beschuldigten wir den Australier, und so blieb ihm nichts anderes übrig, als seine Schuld zu bekennen. Er tat es auf seine Weise. „Ich habe das ja nur getan, weil ich euren Scheißfraß nicht essen kann. Was bleibt mir denn anderes übrig, wenn ich nicht verrecken will? Das Heroin wollte ich gegen Kantine eintauschen."
„Okay", sagte Tuan Zeinor, „ich schicke euch alle zurück nach Halle C. Kevin, du hast vier Tage Zeit, dir den Bauch vollzuschlagen, und dann kommst du für eine Woche ins Tutop bei Wasser und Brot. Ich denke, das ist ein sehr faires Angebot." Zeinor schien an diesem Tag guter Laune zu sein. Normalerweise behandelt er die Gefangenen brutal, oder er ist so arrogant, daß er noch nicht einmal ein „Selamat Pagi", einen Guten-Morgen-Gruß, erwidert.
Vielleicht hatte er Mitleid mit Kevin, denn dieser war neun Tage lang im Hungerstreik gewesen und an diesem Morgen erst aus dem Krankenhaus zurückgekommen. Dort fütterte man ihn fünf Tage lang mit Glucose, aber er sah noch sehr schwach aus.
Am 10. März mußte ich unerwartet vor Gericht. Mein nächster Termin war erst im April. Ich wunderte mich über die plötzliche Eile, konnte mir aber schon denken, was geschehen würde. Nachdem ich fast zwei Stunden in dem dreckigen, nach Urin stinkenden Lock-up gewartet hatte, teilte man mir innerhalb von zwei Minuten im Gerichtssaal mit, daß mein Fall in den High Court verlegt wurde. Das bedeutet, daß nun endgültig keine Ände-

rung des Paragraphen mehr möglich ist. Man wird mich zum Tode verurteilen, vorausgesetzt, daß man mir meine Schuld nachweisen kann. Trotz dieser grausamen, unmenschlichen Strafe, mit der ich zumindest theoretisch rechnen muß, bin ich froh, daß endlich die Entscheidung gefallen ist. Was mich hier so sehr fertig macht, ist die Ungewißheit. Es gibt absolut nichts, worauf ich mich verlassen kann. Wie lange soll das alles noch dauern, bis ich weiß, was mit mir geschieht? Ich lebe in der Hoffnung, eines Tages hier herauszukommen. Diese Hoffnung hat bestimmt jeder. Aber wie lange habe ich die Kraft zu hoffen? Ich möchte Gewißheit haben, selbst wenn es das Todesurteil bedeuten sollte.

Im High Court angeklagt zu sein hat Vorteile. Sobald man einen Termin bekommt, auf den man zwar jahrelang warten muß, kann man ziemlich sicher sein, daß die Verhandlung tatsächlich stattfindet und dann auch bis zum Urteil durchgezogen wird. Im Sessions Court werden Fälle oft monatelang vertagt, und es kann bis zu zwei Jahre vom Beginn der Verhandlung dauern, bis man freigesprochen oder verurteilt wird. Gerade weil es um Leben oder Tod geht, erhält man im High Court einen fairen Prozeß.

Ich wollte meiner Mutter nicht in Gefängniskleidung gegenübertreten

3. April 1984

Seit fünf oder sechs Tagen bin ich in Bobs Zelle. Ich wollte schon immer gern zu ihm ziehen. Bob ist in Ordnung, jeder kann ihn gut leiden. Für mich ist der Australier mit italienischer Abstammung ein Freund und ein

großer Bruder. Bei ihm kann ich mir oft einen guten Ratschlag holen, er denkt und handelt realistisch und versteht sich sehr gut mit den Wärtern. Vielleicht trägt seine Größe mit dazu bei. Bob war, bevor man ihn mit fast einem Pfund Heroin am Flughafen erwischte, Gewichtheber und zählte auf dem fünften Kontinent zur Elite. Hätte man ihn bei diesem Deal nicht gefaßt, dann wäre er im Sommer bei den Olympischen Spielen dabei.
Seng, sein Zellengenosse, mußte letzte Woche wegen Entführung vor Gericht. Man spricht ihn frei, verhaftete ihn aber gleich wieder wegen eines anderen Delikts und schickte ihn nach Kuala Lumpur. Silvester hatte schon vorher die Zelle 200 verlassen, und so nutzte ich die Gelegenheit und zog zu Bob und Grandfather. So wohl habe ich mich im Gefängnis noch nie gefühlt wie in diesen Tagen. Den ganzen Tag steht die Zellentür offen, weil Bob unten als Checker arbeitet. Seine Aufgabe ist es, die Zahl der Gefangenen von Halle C auf eine große schwarze Tafel zu schreiben. Am laufenden Band gehen Häftlinge ein und aus. Entweder erhalten sie Besuch, oder sie müssen ins Hospital, ins Krankenhaus, vor Gericht oder ins Büro, wenn sich der Rechtsanwalt mal blicken läßt.
Auch mit Grandfather komme ich bestens aus. Er ist unser Koch. Bob und ich bekommen als Europäer alle zwei Tage eine Portion Hühnchen oder Rindfleisch, Grandfather bekommt, wie alle andern, Reis und Gemüse, was nicht sehr appetitlich aussieht. Manchmal liegt auch ein stinkender Fischkopf dabei. Ich muß dann wegsehen, sonst wird mir schlecht. Die Platten sind schmutzig, weil sie nur in kaltes Wasser getaucht werden. Unsere Rationen sind immer lauwarm, das Gemüse ist nicht richtig gekocht, und das Fleisch ist zäh. Zum Glück haben wir die Möglichkeit zu kochen. Das verstößt natürlich gegen die Vorschriften, aber es wird oft ein Auge zugedrückt, wenn wir es nicht gar zu offensichtlich machen. Als Kochtopf benutzen wir eine leere Marmeladenbüchse. Wir beschmieren den äußeren Boden mit Zahnpasta, da-

mit es sich später wieder leicht sauber machen läßt. Als „Ofen“ dient uns ein kleiner Deckel.
Einmal im Monat erhält jeder 200 g Pflanzenfett. Das schmieren wir in Toilettenpapier und stecken es an. Es brennt ganz schön lange. Der Kochtopf wird auf zwei leere Schachteln Zigaretten gestellt.
Grandfather ist ein guter Koch. Ich hatte mir vorher in 179 schon oft heißes Wasser gekocht, um mir einen Tee zu machen, aber mit den Mahlzeiten hatte ich keine Erfahrung. Es kommt dabei auch auf die Zellengenossen an. Wenn die keine Lust haben, macht es alleine keinen Spaß. Hier in 200 lassen wir uns von unserem chinesischen Freund verwöhnen. Bob bekommt regelmäßig Pakete von seiner Frau. Die getrockneten Erbsen sind eine willkommene Abwechslung. Gestern abend waren wir sehr hungrig, aber wußten nicht, was wir essen sollten. Bob hatte eine tolle Idee: Fried Bananas. Wir hatten etwa ein Dutzend daumengroße Bananen, die wir zunächst in Milchpulver und Zucker rollten und dann auf einem Deckel, den wir als Bratpfanne benutzten, brieten. Ich machte noch Schokoladensauce aus Kakao und der süßen Kondensmilch, die wir über die angebruzzelten Bananen gossen.

Seit dem 30. März besuchen mich meine Mutter und meine Tante täglich im Besucherraum. Sie hatten den Besuch gerade eine Woche vorher angesagt, und ich schaffte es nicht mehr, sie zu überreden, nicht zu kommen. Ich wollte das nicht, ich wollte meiner Mutter nicht als Gefangener in Gefängniskleidung gegenübertreten. Aber jetzt ist sie halt da. Vielleicht ist es auch gut so. Ich kann ja auch verstehen, daß sie ihren Sohn unbedingt sehen will. Und die erste Begegnung hatte ich mir schlimmer vorgestellt. Ich kann ihr erklären, was so abgeht, kann ihr versichern, daß es in Malaysia nicht so schlimm ist, wie sie sich das offenbar vorstellt. Ich sage ihr, daß es mir prima geht, daß das Essen einigermaßen in Ordnung ist und daß meine Chancen, den Prozeß zu gewinnen, gut sind. Ich glaube, es ist das beste, wenn ich ihr Hoffnung mache. Ich möchte nicht, daß sie sich Sorgen macht. Zum Glück sind die Wärter drüben im Besucherraum anständig und drücken oft ein Auge zu. So dürfen die beiden länger als eine Stunde dableiben statt nur 30 Minuten.

Grandfather wurde heute morgen völlig unerwartet vor Gericht gerufen. Er ist bis jetzt nicht zurückgekommen. Wahrscheinlich ist es wahr, was ich von dem Malayen, der heute auch vor Gericht war, hörte. Grandfather hatte man nach Kuala Lumpur geschickt, weil er dort einen gemeinsamen Termin mit Seng hat. Ich kann nicht verstehen, wie jemand, der so lange im Gefängnis sitzt, immer noch nicht die Nase davon voll hat. Grandfather saß zuvor schon wegen Kidnapping zehn Jahre im Gefängnis in Singapore. Dort wurde er 1981 entlassen, aber 1982 wieder festgenommen. Schade, daß er nicht mehr da ist, er war ein lustiger Bursche.
Jeffrey und Raja sind jetzt in unserer Zelle. Bob wollte seinen Landsmann sowieso zu uns holen, denn Jeff lebte seit Wochen in einer der Zellen im unteren Stockwerk, wo es kein Tageslicht gibt und keine frische Luft. Die meiste Zeit des Tages verbringt man dort im Halbdunkel, weil eine schwache 25-Watt-Birne zwei Zellen beleuchtet. Wenn man ein Buch lesen möchte, tun einem nach einer halben Stunde die Augen weh.
Raja kam heute morgen vom Tutop zurück. Der Corporal hatte ihn vor drei Wochen mit 30 Dollar erwischt und war nicht bereit, nochmal ein Auge zuzudrücken. Raja verdiente sich seinen Stoff, indem er Nahrungsmittel in die Halle schmuggelte oder Heroin in andere Zellen lieferte. Er half bei den Arbeiten in der Halle und hatte so die Möglichkeit, von morgens 7 Uhr bis nachmittags 4 Uhr im Korridor und im Hof herumzulaufen. Der gute alte Corporal wußte genau, was Raja im Schilde führte,

ließ ihn aber gewähren, solange diese Geschäfte nicht zu offensichtlich gemacht wurden. Raja hatte wohl die Grenze überschritten. Das war das erstemal, daß der Corporal einen selbst ins Tutop schickte. Raja ist trotz seiner Sucht ganz in Ordnung, und deshalb will Bob ihm auf die Finger sehen. Ich bin gespannt, ob Bob es schafft; er ist nicht den ganzen Tag in der Zelle. Außerdem ist Jeffrey noch dabei, und wenn der Heroin raucht, ist die Versuchung für Raja sehr groß.

„Niemals werde ich dir meine Hilfe entziehen, nie dich im Stich lassen"

8. April 1984

Heute bin ich guter Laune. Ich habe sechs Briefe erhalten. Wie immer, wenn ich Post bekomme, bin ich wahnsinnig aufgeregt. Es sind zwar viele Freunde, die mir mitteilen, daß sie eigentlich überhaupt nicht wissen, was sie mir in dieser Situation schreiben sollen, aber mir ist es gleich, was sie berichten. Claudia schrieb letztens den Wetterbericht aus einer Tageszeitung und schickte ihn mir zu. Darüber habe ich mich auch gefreut, obwohl es mir im Grunde genommen egal ist, wie das Wetter in Deutschland ist. Hauptsache, ich habe etwas zu lesen und höre von meiner Heimat.

Mit Bob kann ich mich sehr gut unterhalten. Er erzählt mir von seiner Vergangenheit. Er war Gerichtsvollzieher und hat schon viel erlebt. Abends war er oft mit den Gewichthebern zusammen. Es waren brutale Jungs, und Bob war als Boß anerkannt. Ich konnte mir Bob nicht so vorstellen, wie er sich beschrieb. „Du, Bob, es fällt mir schwer zu glauben, daß du so rücksichtslos gewesen bist.

Hier in der Halle gibt es kaum jemanden, der freundlicher und hilfsbereiter ist als du", sagte ich zu ihm. „Ich habe mich in diesen eineinhalb Jahren sehr verändert, Frank." Als er das sagte, zeigte er dabei mit seinen Fingern auf die Bibel, die in seiner Nähe lag. „Mir ist vieles klar geworden in dieser Zeit. Ich habe vieles falsch gemacht. Sicherlich mußte ich erst hierher kommen, um das zu erkennen. Dieses Buch hat mir sehr viele Fragen beantwortet und tut es auch heute noch."

Der Australier liest jeden Tag in der Bibel, und seitdem Jeff hinzukam, liest er an manchen Abenden laut vor. Mein Englisch ist mittlerweile so gut, daß ich fast alles verstehen kann. Der Glaube an Jesus Christus ist für Bob sehr wichtig geworden. Ein Chinese hat ihm aus leeren Zigarettenschachteln einen Altar gebaut. Darin kleben einige Heiligenbilder, und in einer winzigen Vase steckt eine Blume. Bob betet jeden Abend und ist sich sicher, freigesprochen zu werden. Seinen Optimismus hätte ich gern.

Er wurde in der ersten Verhandlung zu 20 Jahren verurteilt, heiratete während der drei Monate, die er in Halle B verbringen mußte, seine australische Freundin, gewann die Berufung im High Court bei Richter Edgar Joseph und wurde von der Polizei unter gleicher Anklage wieder festgenommen. Er hat eine schwache Chance, den Prozeß zu gewinnen, denn der Untersuchungsbeamte sagte aus, man habe Opium bei ihm gefunden, obwohl die chemische Untersuchung bestätigte, daß es Heroin war. Sollte der Beamte wirklich recht gehabt haben, müßte man Bob freisprechen, weil das Opium, mit dem er angeblich gefaßt wurde, nicht mehr da ist.

„Ich zeige dir mal eine Stelle aus Psalm 107:

Andere mußten in finsteren Kerkern hocken,
gefangen in Elend und eisernen Ketten,
ohne Hoffnung, die Sonne je wiederzusehen.
Sie hatten sich gegen Gott empört,

die Weisungen des Höchsten in den Wind geschlagen.
Da zerbrach er ihren Trotz durch harte Schläge;
sie lagen am Boden und keiner half ihnen auf.
Sie schrien zum Herrn in ihrer Not,
der rettete sie aus der Todesangst.
Er holte sie aus dem finsteren Kerker
und riß ihre Fesseln in Stücke.
Nun sollen sie dem Herrn für seine Güte danken,
ihn preisen für seine wunderbare Rettung!
Er hat die gepanzerten Türen zerschlagen,
die eisernen Riegel hat er zerbrochen."

„Oft denke ich", sagte Bob, „daß diese Worte nur für mich geschrieben wurden. Wir sind doch hier in einem finsteren Kerker, aber ich glaube auch, daß Gott die Macht hat, mich aus dieser Dunkelheit zu befreien. Wir müssen nur lernen, auf Ihn zu vertrauen."
Bobs Augen wurden sehr lebendig, als er mir das erzählte. Er suchte gerade nach einer weiteren Stelle in der Bibel, er schien sich darin gut auszukennen. „Hier, Frank, ich habe die Stelle gefunden. Es ist ein Vers im Hebräerbrief: ‚Niemals werde ich dir meine Hilfe entziehen, nie dich im Stich lassen.' Das ist ein Versprechen von Gott, und was Er verspricht, wird Er halten, und deshalb bin ich zuversichtlich, nach Hause zu kommen."
Ich suche genau das, was Bob schon gefunden hat. Es ist Vertrauen nicht nur in die Zukunft, sondern auch in das Heute. Bob holt diese Kraft aus seinem Glauben, um den ich ihn beneide. Er erzählte mir zwei Geschichten, die während seiner Zeit in Halle B passierten. „Ich lernte da drüben einen Chinesen kennen, der kurz vorher Christ wurde. Das gab ihm Kraft, mit dem Heroinrauchen aufzuhören, obwohl man es ihm oft angeboten hatte. Seine Freunde lachten ihn nur aus, aber er blieb standfest, denn er bat Gott im Gebet, ihm die Willenskraft zu geben. Er hatte noch einen zweiten Prozeß, natürlich auch wegen

Heroin, den er seiner Meinung nach nicht gewinnen konnte."

„Und zu wieviel Jahren wurde er verdonnert?" fragte ich neugierig.

„Er wurde überhaupt nicht verdonnert. Bevor er vor Gericht ging, betete er, daß der Herr ihm beistehen möge, und beendete das Gebet mit den Worten: ‚Dein Wille geschehe'. Er bereitete sich sonst nicht auf die Verhandlung vor, und einen Rechtsanwalt konnte er sich sowieso nicht leisten. Als er nach der Anklage selbst die Möglichkeit hatte, etwas zu sagen, stand er auf und fing an zu reden. Das, was er sagte, kam ihm ganz plötzlich in den Sinn. Der Richter sprach ihn frei. Er konnte es selbst noch nicht ganz glauben, als er mir die Geschichte am Abend erzählte."

Bob nahm schon wieder seine Bibel zur Hand und schlug eine Stelle im Markusevangelium auf. „Da, Frank, Kapitel 13, Vers 11, steht geschrieben: ‚Wenn sie euch verhaften und vor Gericht stellen, dann macht euch keine Sorgen, was ihr sagen sollt. Sagt, was euch in dem Augenblick eingegeben wird. Denn nicht ihr werdet dann reden, sondern der Heilige Geist wird dann aus euch sprechen.' Wenn Jesus diesem Chinesen helfen konnte, dann kann er auch uns helfen. Stell dir vor ... ein paar Tage später überließ ich einem andern meine Ration, denn er konnte den Reis nicht essen. Er fragte mich dann, was ich essen würde, und da ich sonst nichts hatte, gab ich ihm zur Antwort, daß mein Gott sich schon um mich kümmern würde. Ich wollte das eigentlich gar nicht sagen, es rutschte mir einfach so heraus. Zwei Stunden später rief man mich unverhofft zum Office. Der Assistent meines Rechtsanwalts, der sich höchstens zwei- oder dreimal im Jahr blicken läßt, stattete mir einen Besuch ab, und ich konnte Nudeln essen, es gab Orangensaft und hinterher noch Kuchen. – Weißt du Frank, es sind die vielen Kleinigkeiten, die mir bestätigen, daß Gott da ist."

Meine Mutter und meine Tante haben sich am Mittwoch von mir verabschiedet. Man ließ sie zusammen mit meinem Anwalt Rajasingam in das Office. Dort läßt es sich viel besser reden. Wenn ich durch den feinen Maschendraht im Besucherraum blicke, meine ich immer, ich würde schielen. Rajasingam besuchte noch zwei andere Mandanten, die mit uns am Tisch saßen. Es waren zwei Chinesen, die mit insgesamt 23 000 Roche-Tabletten vor vier Monaten gefaßt wurden. *(Die beiden wurden einige Monate später zu zwei und drei Jahren Haftstrafe verurteilt.)*
Der Anwalt meinte, es müßte sowohl in meinem als auch in deren Fall möglich sein, den Paragraphen zu ändern. Er habe die Hoffnung noch nicht aufgegeben. „Der Paragraph beinhaltet nur Opium, Morphium, Heroin und Cannabis. Roche-Tabletten sind dabei nicht aufgelistet, und einen Haschisch-Fall haben wir hier in Malaysia auch noch nicht gehabt. Ich werde mich nochmals mit dem Oberstaatsanwalt in Kuala Lumpur in Verbindung setzen."
Ich übersetzte das meiner Mutter, es konnte ihr nur mehr Hoffnung machen. Ich selbst kann mir nicht vorstellen, daß eine Änderung des Paragraphen möglich ist. Die hatten sich das sicher gut überlegt, bevor sie mich an den High Court schickten. So einfach machen die es sich in Grenzfällen wie meinem bestimmt nicht. Und in dem Gesetz steht ganz klar „Cannabis" und nicht Ganja oder Marihuana. Auch Haschisch wird nun mal aus der Cannabispflanze gewonnen. Bei diesem blöden Paragraphen 39 B gibt es keinen Spielraum. Jeder, der mit einer bestimmten Menge Drogen erwischt wird, gilt sofort als Drogenhändler. Ich halte das für hirnverbrannt. Die Leute aus Halle C sind nicht das, was ich mir unter verbrecherischen Drogenhändlern vorstelle. Viele sind in meinem Alter, die meisten davon wurden beim ersten Mal verhaftet. Es ist natürlich nicht richtig, mit Drogen Geschäfte zu machen, aber es ist genauso falsch, diese Menschen aufzuhängen.

Auf leichte Art Geld verdienen kann allerdings zu einer Sucht werden. Gerade gestern hatte ich ein Gespräch mit Jeffrey. Seit vier Jahren hatte er mit Heroin zu tun. Zunächst kaufte er sich das Dope für den Eigenverbrauch, dann, um es billiger zu bekommen, flog er nach Bangkok oder Malaysia, kaufte dort eine kleine Menge und verkaufte später einen Teil in Australien, um seine Reise zu finanzieren. So bekam er Verbindungen und stieg mehr und mehr in Drogengeschäfte ein. Er reiste unter vier falschen Namen und verdiente sicherlich eine Menge Geld. „Wenn du so leicht so viel Geld verdienst, dann verlierst du die Perspektive zum Geld. Wenn du dir etwas kaufen möchtest, dann vergleichst du keine Preise, wie es andere Leute tun. Du verlangst ganz einfach nach der besten Stereoanlage oder dem teuersten Fotoapparat. Der Preis interessiert dich nicht", erklärte mir der Australier aus Perth.
Der Chinese Tony hat uns ein selbstgemachtes Kartenspiel geschenkt. So sitzen Bob, Jeff, Raja und ich abends beim Poker. Wir spielen um Bonbons, die wir später wieder in eine Tüte werfen. Mit Chinesen könnte man nicht so spielen. Bei denen muß es immer etwas zu gewinnen geben, und der Einsatz darf dabei nicht zu gering sein. Spät abends hören wir Radio. David Chong, der Chekker, hat es uns ausgeliehen. Irgendein Wärter hat es in die Halle geschmuggelt, wir verstecken es in den Luftschlitzen der Wand.
Heute wurden alle Decken in den Zellen gezählt. Ich habe drei statt der erlaubten zwei. Der Corporal erklärte mir, daß ich dafür eine Erlaubnis vom Doktor haben muß, sonst müsse er sie mir wegnehmen.

Er kochte herumstreunende Hunde

17. April 1984

Ich habe die Erlaubnis für eine zusätzliche Decke bekommen. Vor einer Woche besuchte ich Haji, aber er wollte mir das Empfehlungsschreiben nicht ausstellen. Vorgestern ging ich dann zu Mr. Lee. „Haben Sie Schmerztabletten oder starke Schlaftabletten für mich?" fragte ich und wußte genau, daß ich sie nicht bekommen würde. Mr. Lee sah mich recht verwundert an: „Schlaftabletten, Schmerztabletten ... Warum fragst du danach? Die kann ich dir nicht so einfach geben." – „Ich kann nachts nicht einschlafen, Mr. Lee, denn ich bin es gewohnt, auf dem Bauch zu liegen, und da tun mir die Rippen weh." Ich zog mein weißes Uniformshirt hoch und zeigte Mr. Lee die blauen Flecken. Drei Tage vorher hatte ich mir zwei Stellen meiner Haut wund gerieben, bis sie rot waren. Das hatte ich gut kalkuliert. Vorgestern sahen diese Flekken nicht mehr ganz so frisch aus und hatten eine blaugrüne Farbe. Mr. Lee sah sich die Stellen durch seine dikken Brillengläser an und schüttelte den Kopf. „Ich kann dir trotzdem keine starken Medikamente verschreiben. Warum schläfst du denn nicht auf dem Rücken?" – „Auf dem Rücken kann ich nicht schlafen. Ich habe es schon versucht, ganz bestimmt, aber es geht nicht", sagte ich und versuchte dabei den Eindruck eines Verzweifelten zu machen, der nächtelang nicht geschlafen hat. Zum Schluß machte ich dann beiläufig den Vorschlag: „Wenn ich wenigstens eine zusätzliche Decke bekommen könnte, würde ich weicher liegen und bekäme keine blauen Flecken mehr." Ich sah ihn erwartungsvoll an. Wie würde er darauf reagieren? „Eine Decke zu bekommen, hängt vom Tuan ab. Der muß das genehmigen. Ich kann dir nur ein Empfehlungsschreiben geben." Er nahm einen kleinen Vordruck, füllte ihn aus und setzte

einen Stempel drauf. Ich wußte, daß dieses Empfehlungsschreiben ausreicht. Der Tuan würde das auf jeden Fall abzeichnen, denn er hat keine Zeit, alles zu überprüfen.
Die beiden Australier Derryl und Tubes sind in der Zelle nebenan auf der anderen Seite der Trennwand. Sie wurden beide zu drei Jahren verurteilt und arbeiten von 8 Uhr bis 15 Uhr in den Werkstätten. Tubes' richtiger Name ist Neil. Wir gaben ihm diesen Namen, weil er immer von einem „Tube“ Heroin, also einem Röhrchen Heroin spricht, obwohl er meistens nur ein kleines Päckchen hat. Ein Tube, ein Inch oder ein Tip ist in Halle C fünfzehn Dollar wert. Der Maßstab ist das kleine Loch am Griff einer Zahnbürste, das man mit dem Dope auffüllt. Tubes ruft mich öfters und fragt, ob es mir möglich wäre, acht Scheiben Käse für eine Schachtel Zigaretten zu tauschen. Als Europäer bekommen wir jeden Tag zwei Scheiben Käse, die wir bei den geschäftstüchtigen Chinesen eintauschen können. Ich brauche das nicht zu tun, denn ich rauche am Tag nur noch fünf Zigaretten. Derryl und Tubes sind süchtig und müssen alles ausnutzen, um an Stoff ranzukommen. Auf ihrer Seite haben sie kaum die Möglichkeit, denn da gibt es keine größeren Dealer. Die gibt es nur in unserem Teil der Halle C.
Gestern vormittag war wieder Checking. David Chong, der Checker, kam in meine Zelle und sah in den Spiegel. Dann drehte er sich zu mir um: „Guck mal, Frank. Sieht man etwas?“ Ich konnte nichts Ungewöhnliches feststellen. Er erklärte mir, daß er das Heroin an seiner Brille hinter dem Ohr versteckt. Andere wickeln den Stoff in Bonbonpapier und werfen es unauffällig in den Abfalleimer, um es nach dem Checking wieder herauszufischen. Die Spezialisten verstecken kleinere Mengen in der Nase oder schlucken es sogar runter.
Jeden Sonntag haben wir zwei Stunden Freizeit im Hof. Für die etwa 135 Gefangenen ist viel zu wenig Platz, um sich darin zu bewegen. Aber jeder findet einen Sitzplatz

auf dem Boden. Das Tolle daran ist, daß wir an der Sonne und an der frischen Luft sein dürfen. Das tut gut.
Der Chinese, den wir „Mad Dog“ nennen, weil seine Lieblingsspeise Hundefleisch war, erzählte uns letzten Sonntag von dem 14jährigen Jungen, den man zum Tode verurteilte, weil man in seinem Besitz eine Pistole fand. Er schilderte uns, wie er herumstreunende Hunde fing, ihnen das Fell abzog und sie kochte. Schließlich berichtet er, es soll in Thailand junge Mütter geben, die Heroin fast risikolos über die Grenze schmuggeln. „Kurz vor dem Grenzübertritt schneiden sie den Babys den Bauch auf und stecken das Heroin hinein. Wegen der noch gesunden Hautfarbe meint der Zollbeamte, das Baby würde schlafen, und läßt die Frau passieren.“
Von einem anderen Chinesen erfuhr ich, daß der Wärter Adnan entlassen wurde. Er schlug Ah Ti mit dem Bambusstock auf den Kopf, und der erhielt eine riesige Platzwunde. Die meisten Gefangenen gönnen es dem Wärter. Einige von ihnen haben schon ähnliche Erfahrungen mit ihm gemacht. Über den Hongkong-Chinesen Wai haben wir uns vor ein paar Tagen köstlich amüsiert. Er erzählte mir und Jeffrey, es gäbe einen Geist in Halle C, und er könne nachts deswegen nicht einschlafen. „Was macht denn der böse Geist, daß du nachts nicht schlafen kannst?“ fragte ich und mußte dabei lachen. „Er schwebt draußen an der Zelle vorbei und ruft ‚huh, huh‘.“ Jeff und ich konnten uns nicht einhalten vor Lachen, aber der Chinese fand das gar nicht lustig. Gestern morgen berichtete er, daß er jetzt Ruhe hätte, denn er habe einen Tempel gebaut und ihn rechts von der Tür an die Wand geklebt.

Mein Gewissen würde mich mehr belasten, wenn ich getötet hätte

12. Mai 1984

Seit fast zwei Wochen bin ich in der Zelle 199 zusammen mit dem Chinesen Yeap. Über die Hälfte der Gefangenen sind Chinesen. Sie halten alle Zellen im oberen Stockwerk besetzt. Unten sind die Malayen und Inder. Der Corporal steckte einen Neuen in unsere Zelle.
Ahai ist ein Jahr älter als ich, sieht aber wesentlich jünger aus. Ich wundere mich immer wieder über das jugendliche Aussehen dieser Menschen. Der kleine David, den die Polizei als einen der größten Drogenhändler in Penang verdächtigt, sieht aus wie ein 15jähriger Schuljunge. Ich wollte es kaum glauben, als er mir letztens erklärte, er sei 31, verheiratet und habe zwei Kinder.
Yeap sitzt seit 1981 in Untersuchungshaft wegen zehn Pfund Heroin. In der Halle C gilt er als Querulant, ich komme jedoch einigermaßen gut mit ihm aus. Yeap kann sich ziemlich gut an den Chinesen Dinding erinnern, der bei allen Oldtimern aus unserer Halle, aber auch bei der Gefängnisdirektion in Erinnerung bleiben wird. Er soll einem hohen Beamten einen halbvollen Eimer mit Urin und Scheiße nachgeworfen haben. Als Yeap mir von Dindings Fall berichtet, kann ich nur noch mit dem Kopf schütteln. Dieser Dinding erstach bei Nacht einen friedlich schlafenden Mann und wurde später zu sieben Jahren verurteilt. Mein Gewissen würde mich mehr belasten, wenn ich jemanden umgebracht hätte. Aber offensichtlich ist das Drogenproblem für Malaysia so lebensbedrohend, daß man solche Strafen für notwendig hält.
Ich sehe die Wärter, die abends das Heroin in die Halle bringen, und ich sehe die Gefangenen, die sich auch innerhalb der Gefängnismauern nicht von ihren Drogengeschäften abhalten lassen.

Vor wenigen Tagen gingen drei Chinesen vor Gericht und kamen nicht mehr zurück. Wir haben uns alle darüber gewundert, denn sie wurden vor einem Jahr mit 21 Pfund Heroin erwischt. Das war ein ganz klarer Fall für den High Court, wo sie noch einige Jahre hätten warten müssen. Man sagt, sie hätten Beziehungen und eine Menge Geld.

Ich kann Tony nicht leiden

14. Juni 1984

Heute erhielt ich einen Brief von Claudia. Er war zwar schon über drei Wochen alt, trotzdem habe ich mich darüber gefreut. Ich freue mich über jeden Brief, viele meiner Freunde und Verwandten schreiben mir regelmäßig. Ich bin froh, daß Tony wieder aus unserer Zelle ist. Ein Wärter steckte ihn vor ein paar Tagen zu uns, weil schon viele Zellen mit vier Mann besetzt sind. Ich kann Tony nicht leiden. Die ganze Zeit jagte er den Drachen und kotzte ständig, weil er es nicht verträgt. Er kam gerade vom Krankenhaus zurück, wo er einen Fluchtversuch unternommen hatte. Die Flucht hatte er vorher schon geplant. In seiner Zelle zerbrach er die Glühbirne und verschluckte das Glas. Er wurde sofort ins Krankenhaus eingeliefert. Von dort aus versuchte er mit einer Zange, die ihm vorher ein Freund bei einem Besuch zugesteckt hatte, die Gitterstäbe durchzuschneiden. Das Geräusch machte allerdings die Polizisten aufmerksam. Sie entdeckten sein Vorhaben, verprügelten ihn und schickten ihn wieder zurück ins Gefängnis. Ich warf ihn nach drei Tagen aus der Zelle, weil mir die ständige Kotzerei auf die Nerven geht.

Seit fast zwei Wochen ist Ramadan, der Fastenmonat der Moslems. Den ganzen Tag über dürfen sie nicht essen, nicht trinken, nicht rauchen und noch nicht einmal den eigenen Speichel hinunterschlucken. Ständig spucken sie deshalb, aber die Spuckerei ist in diesen Ländern sowieso sehr üblich. Die Moslems bekommen ihre Rationen erst abends um 7 Uhr und frühmorgens um 3 Uhr. Es sind sehr viele dabei, die ihre Religion nicht ernst nehmen oder bald zu hungrig werden. Dann kommen sie oft zu uns in die Zellen und fragen nach Brot. Ich stehe dann draußen und passe auf, daß kein Wärter oder Hantu, ein Spitzel, kommt. Am Mittwoch ertappte ein Sergeant drei Moslems beim Rauchen, als sie sich in der Toilette versteckten. Sie wurden alle ins Tutop geschickt.

Ich möchte zurückkommen, wie ich gegangen bin

13. Juli 1984

Seit Anfang des Monats ist Derrick wieder in Halle C. Ich lud den Engländer in meine Zelle ein, der Corporal war damit einverstanden. Erst jetzt merke ich, daß Derrick etwas verrückt ist. Er erzählte mir, daß er in psychiatrischen Anstalten gewesen sei. Zunächst in England und zuletzt in Ipoh (Malaysia). Als man ihm den Aufenthalt nicht verlängern wollte, haute er ab, weil er der Zurückführung ins Gefängnis entgehen wollte. Die Sicherheitsbedingungen in einer solchen Anstalt sind nicht so streng wie in einem Gefängnis. Der Engländer ist nicht nur verrückt, sondern auch blöd. Ipoh liegt sehr nahe an der Grenze zu Thailand. Wenn er es schaffte, sich zehn Tage in einem Umkreis von sechs Kilometern zu verstecken, dann hätte er es auch über die Grenze schaffen können. Es wäre den Versuch wert gewesen. Was hatte er denn zu verlieren? Jetzt ist er in Halle C und wartet auf den Tod. Trotz seiner Macken bin ich froh, Derrick in meiner Zelle zu haben. Er ist ein Meister im Geschichtenerzählen. Die Hälfte des Tages verbringe ich damit, auf meiner Decke zu liegen und seinen tollen Stories zuzuhören. Ich muß nur von Zeit zu Zeit nicken und den Anschein erwecken, ihm zu glauben. Sobald ich anfange zu zweifeln, wird er wütend. Er bildet sich wohl ein, er sei ein Superheld wie James Bond. „Stell dir vor, Frank, ich war zehn Jahre in der Armee. Zum Schluß war ich Sergeant bei der SAS. Als Fallschirmspringer probten wir für den Ernstfall. Wir warfen die Schirme zuerst aus der Tür und dann erst sprangen wir hinterher, weil es schneller geht." – „Derrick", sagte ich, „hör doch bitte auf, so zu übertreiben. Ich habe zwar von der Armee und von Fallschirmjägern absolut keine Ahnung, aber so einen Bären laß ich mir nicht aufbinden." Derrick sah mich an, seine Stimme wurde laut, er bebte vor Wut. „Willst du damit sagen, daß ich lüge? Willst du mich berichtigen? Du bist doch noch ein kleiner Junge, gegen meine Erfahrung kommst du nie an. Ich war schon überall auf der Welt, ich weiß, was draußen los ist." Ich habe schon festgestellt, wie gut er sich wirklich auskennt, nachdem er mich fragte, was das für eine große Insel auf der Landkarte sei, und ich ihm erklärte, daß es sich dabei um Australien handele. Zu einem anderen Zeitpunkt erzählte er, er sei von Ceylon nach Sri Lanka gereist. „Du Idiot", schrie ich ihn an, „Ceylon ist Sri Lanka! Da war ich selbst schon zweimal!" Es war Derricks Fehler, wenn er meinte, er könnte mir Erdkundeunterricht erteilen.

Seit einigen Wochen gibt mir Corporal Singh mehr Freiheit. Er schickt mich morgens nach dem Duschen nicht gleich zurück in die Zelle, sondern läßt mich draußen im Hof auf und ab laufen, bis jeder mit dem Duschen fertig ist. So bin ich oft bis zu eineinhalb Stunden draußen an

der frischen Luft. Manchmal setze ich mich nur auf den Boden und genieße die ersten Sonnenstrahlen. Sofort werden bei mir die alten Erinnerungen wach. Ich frage mich, ob ich je wieder die Möglichkeit bekomme, in andere Länder zu reisen. Wie schön waren diese drei Monate vor der Festnahme ... In Indien war ich sechs Wochen. Zunächst reisten wir mit dem Zug von Delhi nach Simhla. Diese Stadt liegt am Fuße des Himalaya. Wir machten dort erste Erfahrungen mit Affen, die durch das Fenster in unser Zimmer kletterten, ihre Zähne zeigten und uns Schokolade und ein paar Socken klauten.
Die acht Tage auf dem Hausboot in Srinagar waren wunderschön. Es lohnte die Strapazen der Busfahrt zur Hauptstadt Kashmirs. Von einem nahegelegenen Fischerdorf konnten wir die schneebedeckten Berge im Norden und Osten sehen. Wir waren gar nicht weit von Tibet entfernt. Selten hielten wir uns länger als fünf oder sechs Tage an einem Ort auf. Jürgen, Jochen und ich steckten voller Abenteuerlust. Es ging weiter nach Jaipur und Amber in Rajasthan, wo wir die ersten Kamele und Elefanten sahen. Wir bewunderten das berühmte Grabmal Tadsch Mahal in Agra, hielten uns nur kurz in Benares, der Stadt am heiligen Ganges, auf und fuhren mit dem Bus weiter nach Katmandu. Etwa 20 km vor der Stadt gab es durch den vielen Regen einen Erdrutsch, und wir mußten uns in der Nacht selber zu unserem Ziel durchschlagen. Jeder Schritt, jede Mühe war es wert. Für mich ist Katmandu, die Stadt mit den vielen Tempeln, die nur 250 km vom Mt. Everest entfernt liegt, die beeindruckendste Hauptstadt, die ich kenne. Entspannen konnten wir uns auf dem See in Pokhara, bevor wir uns zur Südspitze Indiens, zum Kovalam Beach, aufmachten. Und obwohl ich im Jahr zuvor schon einmal in Sri Lanka Urlaub machte, war diese Insel bei meinem zweiten Besuch genauso faszinierend, waren die Menschen genauso freundlich oder aufdringlich, die Sandstrände genauso sauber und einmalig und die Dschungel und Palmenwälder

genauso üppig. Dort verbrachte ich meine letzten Urlaubstage. Vielleicht werden es überhaupt meine letzten Tage in Freiheit gewesen sein. Aber wenn ich freigesprochen werde, dann möchte ich unbedingt noch nach Australien. Ich möchte nicht nach dem Gefängnisaufenthalt sofort nach Deutschland zurück. Ich möchte zurückkommen, wie ich gegangen bin: als ein Globetrotter.
Die Bibel werde ich von Anfang bis zum Ende durchlesen, weil ich wissen möchte, was drinsteht. Die ersten zwei Bücher, Genesis und Exodus, sind recht interessant. Die Geschichten von Adam und Eva, Kain und Abel, Noah, Abraham, Isaac und Jakob bis zu Mose sind mir noch von früher her ein Begriff. Aber seit dem Buch Levitikus wird die Bibel langweilig. Ich glaube, ich vergeude meine Zeit, denn ich kann die Religion der Juden nicht verstehen. Es ist wahnsinnig, Tausenden von Ochsen und Ziegen die Köpfe abzuschneiden und zu glauben, Gott würde auf diese Weise die Sünden der Menschen vergeben. Wenn mir das dritte Buch Mose zu blutig war, so ist mir jetzt das Buch Numeri zu fade. Ich bin mal gespannt, was das „Wort Gottes" sonst noch zu bieten hat.

„Wird er sterben?"

22. Juli 1984

Ich werde von Tag zu Tag rastloser und nutze jede Minute, um mich zu bewegen. Meine Mahlzeiten nehme ich so schnell wie möglich ein, um unten im Korridor noch ein paar Runden zu gehen.
Krishnasami ist Inder und spricht sehr gut Englisch. Wir verstehen uns ausgezeichnet, so sind wir in jeder freien

Minute zusammen. Wir gehen ununterbrochen vom Eingang zur Trennwand und wieder zurück. Dabei beobachten wir die alten Chinesen, die das übriggebliebene Gemüse aus den schmutzigen Platten sammeln, wie Bala Zigaretten stiehlt und die Süchtigen ihre Hähnchenration gegen Dope vertauschen. Die Süchtigen erkenne ich schon alleine daran, daß sie Zickzack durch die Halle gehen. Sie suchen ständig nach Dope. Sie bieten ihre Kantine für den nächsten oder sogar übernächsten Monat an und versuchen, ihre Zigaretten, neuen Handtücher und Unterhosen, die sie von ihrer Familie bekommen haben, an den Mann zu bringen. Oft ist die alte Unterwäsche fleckig und zerrissen, aber neue Unterhosen werden trotzdem gegen eine geringe Menge Heroin getauscht, die man auf dem Stanniolpapier kaum sehen kann. Ab und zu sehen wir einen kleinen Kampf. Es sind nie brutale Schlägereien, und es geht dabei immer um Heroin.
Ich versuchte Ahai zu überreden, mit dem Heroinrauchen aufzuhören. Er erhält jede Woche von seiner Mutter Besuch, die immer wieder bereit ist, Geld an die Familie des Händlers zu zahlen. Von seinem Vater bekommt er bei dessen Besuchen nichts. Der bezahlt ihm noch nicht einmal Zigaretten, weil er weiß, was im Gefängnis los ist. Seine Mutter weiß es natürlich auch, denkt aber, ihrem Sohn helfen zu können, indem sie ihm das Geld für seine Sucht gibt.
Vorgestern band ich einen Becher Wasser an die Gitterstäbe über seinem Kopf, während er schlief. Dann befestigte ich das eine Ende der Schnur an dem Becher und das andere an seiner Fußzehe. Als er seinen Fuß während des Schlafens bewegte, klatschte ihm das Wasser ins Gesicht. Derrick und ich lachten uns halbtot.
Yeap ist jetzt nicht mehr in unserer Zelle. Er wollte unbedingt ins Hospital, weil dort die Haftbedingungen besser sind. Vor einigen Tagen verschluckte er den Inhalt einer großen Tube Zahnpasta, denn er hatte gehört, man würde dadurch Fieber kriegen. Als ihm heiß wurde, rief

ich den Wärter. „Sakit Encik, Orang sakit, Hospital." Niemand kam. Ich probierte es noch einmal: „Sakit mari cepat, Orang sakit 199." Nach endlosen Minuten kam endlich der Wärter und sah durch das kleine Loch in der Tür. Yeap sah wirklich krank aus. Ich sagte zu dem Wärter: „Encik, Yeap ist sehr krank. Ich denke, er muß ins Hospital." Die Gegenfrage schockierte mich. „Wird er sterben?" fragte der Uniformierte. Ich wußte im ersten Moment nicht, was ich antworten sollte. Als ich mich wieder gefaßt hatte, sagte ich: „Es sieht sehr schlecht um ihn aus. Vielleicht wird er diese Nacht nicht überleben." Dies schien den Wärter zu überzeugen. Er benachrichtigte den Officer, und man brachte Yeap später ins Hospital.

Gestern las mir Derrick aus der Hand. Er sagt, er habe das Wahrsagen von seiner Großmutter gelernt. Sie sei eine Gypsy, also eine Zigeunerin, gewesen und mit ihm von einem Rummelplatz auf den anderen gezogen. Das ist eines der wenigen Dinge, die ich Derrick glaube. Wahrscheinlich ist er nur wenige Jahre zur Schule gegangen, denn sein Englisch ist schlechter als meins. Aber was er mir über meine Vergangenheit erzählte, verblüffte mich, denn es war alles richtig. Hoffentlich wird sich seine Prophezeiung über meine Zukunft auch als richtig erweisen, denn er meinte, man würde mich freisprechen.

Der Chinese Ayam las heute in Bobs Hand und klärte ihn auf, daß er im Alter von 25-28 Jahren eine Pechsträhne hätte. Bob wurde mit 25 festgenommen. Vielleicht ist an dieser Wahrsagerei doch etwas dran.

Freispruch, 20 Jahre oder Tod

15. September 1984

Ich habe schon lange nichts mehr geschrieben, weil ich in den letzten Wochen total niedergeschlagen war. Manchmal kam mir der Gedanke, Schluß zu machen. Aber zum Selbstmord bin ich zu feige, vielleicht hänge ich auch viel zu sehr an meinem Leben. Was ist das überhaupt noch für ein Leben? Das hat doch alles keinen Sinn.

Kevin ist seit vier Wochen im Hospital. Er kann anscheinend nicht mehr laufen, nachdem er von dem Wärter Aziz beim Duschen auf den Boden gestoßen wurde. Kevin nahm sich das Recht, mit den Checkern und Arbeitern zu duschen. Der Corporal drückte immer ein Auge zu, er kannte Kevin zu gut. Aber dem Wärter Aziz gefiel das überhaupt nicht, und so stieß er ihn zu Boden, als der Australier nicht die Anordnungen befolgte.

Kevin gerät mit jedem in Schwierigkeiten. Letzten Monat wurde er mit dem kleinen Radio erwischt, das Bob, Jeffrey und ich einen Monat lang verstecken konnten. Jeder andere wäre dafür natürlich ins Tutop gekommen. Aber vor Kevin hat der Tuan mittlerweile soviel Angst, daß er ihn nicht mehr bestraft, weil er weiß, es gibt dadurch nur noch mehr Ärger.

Seit letzter Woche spekuliere ich mit Krishnasami, wie die High-Court-Verhandlung für Gandia, Kalid, La Foo Su und Eng ausgehen wird. Die zwei Inder und zwei Chinesen wurden 1981 mit sieben Pfund Heroin erwischt. Die Chancen stehen schlecht, denn ein amerikanischer Interpoler hatte über einen indischen Spitzel namens Francis den Deal angecheckt, und alle vier sind in die Falle gelaufen. Dieser Francis hat einige Jungs aus Halle C verpfiffen und ist immer noch quicklebendig. Eine Art von Mafia gibt es anscheinend in Malaysia nicht.

Kalid hat sicher die besten Chancen, freigesprochen zu werden. Er war über 100 m entfernt, als die andern drei das Heroin übergaben und das Geld entgegennahmen. Der alte La Foo Su hat von allen die schlechtesten Karten, denn er war der Boß, und der Staatsanwalt weiß es. Seine Art, mit diesem Problem fertig zu werden, ist eine Flucht in die Drogenwelt. Der Prozeß wurde jetzt vertagt.

Gestern nachmittag hatte ich Gelegenheit, mit Gandia zu sprechen. „Was mich interessiert, Gandia, wie wurdest du in diesen Fall verwickelt? Du hast doch bestimmt früher schon die großen Geschäfte mit der weißen Lady gemacht?“ fragte ich ihn. „Nein, Frank, das war das erste Mal, daß ich mit Drogen in Berührung kam. Natürlich habe ich regelmäßig Ganja geraucht, aber ich habe nie Geschäfte mit Drogen gemacht. Wenn dieser verdammte Francis nicht gewesen wäre, dann wäre ich nie in solche Sachen verwickelt worden.“ – „Warum, was hat das mit Francis zu tun?“ – „Ich kannte diesen Schurken von früher, hatte ihn aber viele Jahre nicht gesehen. Eines Tages, das muß Anfang 1981 gewesen sein, trafen wir uns zufällig auf der Straße. Wir kamen ins Gespräch, und schließlich fragte er mich, ob ich einen Heroindealer kennen würde. Diese Frage mußte ich verneinen. Ein paar Wochen später sprach er mich wieder darauf an und meinte, ich könnte mir dabei ein paar tausend Dollar verdienen, und ein Risiko wäre das sowieso nicht, denn ich würde ja nur als Vermittler dienen. Bald darauf lernte ich Eng kennen, der die nötigen Beziehungen hatte. Ich machte ihn mit Francis bekannt und wollte mich eigentlich aus der ganzen Sache heraushalten, aber irgendwie bin ich dann doch hineingeschlittert. Frank, du kannst mir glauben, wenn mich dieser Francis nicht so oft darauf angesprochen hätte, wäre ich nie in solche Schwierigkeiten gekommen.“

Unschuldig ist Gandia also nicht, aber ein rücksichtsloser Drogenhändler ist er auch nicht, obwohl man ihn bei einem Deal mit sieben Pfund erwischt hat. Klar, Gandia

könnte mich angelogen haben, aber was hätte er davon? Man kann sicherlich den wenigsten Gefangenen alles glauben, aber wenn jemand lügt, dann tut er es, um aufzuschneiden. Das tat der Inder nicht.
Ich überlege mir, ob es in einem solchen Fall überhaupt ein gerechtes Urteil geben kann. Der Richter wird diese Geschichte nicht mehr zu hören bekommen. Ihn dürfen nur die Tatsachen interessieren. Und selbst wenn Edgar Joseph die Hintergründe erfahren würde, wären ihm trotzdem die Hände gebunden, denn das alte Gesetz läßt ihm wenig Spielraum. Es gibt nur drei Alternativen: Freispruch, 20 Jahre oder Tod.
Wenn es einen Wärter gibt, der von allen gehaßt wird, ist es Mr. Putman. Wir gaben ihm den Namen Tembakau Out, denn sein Bart ist gekräuselt wie Zigarettentabak. Er ärgert sich immer sehr, wenn er drüben in Halle B arbeitet und wir ständig seinen Spitznamen rufen. Vor wenigen Tagen kam er völlig unerwartet in unsere Zelle und durchsuchte Decken, Bücher und Briefe, bis er unseren „Ofen" fand. Der kleine Büchsendeckel war total schwarz, und das war deutlich genug. Dieser Hund wollte mich deswegen gleich ins Tutop bringen. Jeder andere Wärter drückt dabei ein Auge zu, aber Tembakau Out ließ sich nicht von seinem Vorhaben abbringen. Aber zum Glück lag die Entscheidung nicht bei ihm. Der Officer Ali sagte, ich solle den Ofen wegwerfen und in der Zelle nicht mehr kochen. Natürlich machte ich mir zehn Minuten später wieder einen neuen, ohne Kochen geht es nicht; ich kann nicht alles kalt essen. Tembakau Out schiebt heute zufällig in der Halle C Dienst. Als er um halb elf Uhr meine Tür öffnete, lachte er mich freundlich an und sagte: „Hallo Frank, wie geht's dir denn heute?" Du hinterlistige Schlange kannst mich am Arsch lecken, dachte ich. Solche Menschen hasse ich wie die Pest. Entweder habe ich Feinde oder Freunde, aber nicht beides in einer Person.
Die Bibel habe ich jetzt zum Glück bald durchgelesen.

Ich bin endlich in der Mitte des Neuen Testaments angekommen. Eigentlich bin ich dadurch nicht viel schlauer geworden, außer, daß ich jetzt ungefähr weiß, was in diesem Buch geschrieben steht. Ich kann mir nicht erklären, wie dieses Buch zu einem Weltbestseller werden konnte, denn ich kann den Sinn und den Zusammenhang nicht verstehen. Das Buch „Erscheinungen" von Erich von Däniken regt mich mehr zum Denken an. Ich finde es toll, wie er die Erscheinungen, die die Kirche als Wunder bezeichnet, auf ganz logische Weise erklären kann. Dabei streitet er gar nicht ab, daß es einen allmächtigen Gott gibt. Aber mit dem Vater im Himmel, seinem Sohn Jesus Christus und dem Heiligen Geist kann er nicht viel anfangen. Dem stimme ich vollkommen zu.

Der will mir bestimmt nur Hoffnung machen

6. Oktober 1984

Mir geht es gut. Ich bin frohgelaunt. Das ist immer so, wenn ich Briefe oder Besuch bekomme. Heute besuchte mich endlich wieder mal mein Rechtsanwalt Rajasingam. Ich habe ihn seit dem Besuch meiner Mutter nicht mehr gesehen. Er sagte, mein Fall könne schon im nächsten Monat an die Reihe kommen, was ich ihm aber nicht glaube. Der will mir bestimmt nur Hoffnung machen. In vier Tagen gehen die neun Hongkong-Chinesen vor Gericht, Raja wird drei von ihnen verteidigen.
Der Anwalt ist immer noch über das Urteil in Gandias Fall verärgert. Er hatte Kalid vertreten, und auch der bekam 20 Jahre und 12 Schläge. Genauso lautete auch der Urteilsspruch für Gandia und Eng. La Foo Su wurde

zum Tode verurteilt. Die Zahl der Todeskandidaten hat sich seitdem auf vier erhöht.
Krishnasami meinte, die drei hätten viel Glück gehabt. Der andere High-Court-Richter, Mr. Dzaiddin Haji Abdullah, hätte wohl bei allen das Todesurteil gefällt. Wir nennen ihn „the hanging judge", weil er, soviel wir wissen, noch niemanden freigesprochen hat. Glücklicherweise wird mein Richter Mr. Edgar Joseph jr. sein. So darf ich davon ausgehen, eine faire Verhandlung zu bekommen. Edgar Joseph ist dafür bekannt, zwar sehr genau zu sein, aber im Zweifelsfall für den Angeklagten zu entscheiden.

Ein Jahr bin ich schon hinter diesen Mauern

25. November 1984

Leong ist abgehauen und wurde nach drei Tagen schon wieder geschnappt. Ich kann nicht verstehen, wie man nur so blöd sein kann. Er wurde 1982 mit weiteren drei Chinesen festgenommen und später zu lebenslanger Haft wegen Raubüberfalls verurteilt. Sie legten Berufung ein, und so müssen sie auf ihre zweite Verhandlung warten. Leong verschluckte ein paar Nägel und wurde ins Krankenhaus eingeliefert. Man kettete ihn mit Handschellen an ein Bett. In der Nacht gelang es ihm mit Hilfe eines Nagels, das Schloß zu öffnen. So stahl er sich davon, ohne daß es die wachhabenden Polizisten bemerkten. Er war der Ansicht, die Polizei würde ihn nur nachts erwarten, denn er mußte die Insel Penang mit der Fähre verlassen. So war es seiner Meinung nach am besten, am Tag überzusetzen, was ihm zum Verhängnis wurde.

Innerhalb von wenigen Minuten stürmten 50 Polizisten den Anlegeplatz der Fähre. Es muß ein verrücktes Bild gewesen sein. Der kleine Leong steht da, umringt von schwerbewaffneten Uniformierten. Etwa ein Dutzend richten ihre M 16 auf ihn. Sie bringen ihn später zurück ins Gefängnis.

Ich bin immer noch der einzige, der das Vorrecht genießt, draußen im Hof auf und ab zu gehen. In der anliegenden Werkstatt, im Sabut, sehe ich den 30 Häftlingen zu, wie sie von Kokosnußfasern Schnüre drehen und daraus feste Teppiche und Fußmatten machen. Es sind fast alles Leute aus Halle C, die hier freiwillig arbeiten. Man zahlt ihnen 30 Cents pro Tag. Sie machen es aber nicht wegen der Bezahlung, sondern wegen der Beschäftigungsmöglichkeit. Einige nutzen das natürlich aus, um über den Zaun mit den anderen Werkstätten Geschäfte zu machen. Nicht selten fliegt deshalb in hohem Bogen eine Plastiktüte mit Nudeln oder Konserven durch die Luft. Sie wird geschickt aufgefangen und verschwindet im nächsten Moment in einem Bastkorb, der mit Fasern und Seilen abgedeckt wird.

Letzten Samstag stand ich an dem Zaun und sah gedankenverloren zur Mauer. Über eine Flucht habe ich auch schon oft nachgedacht, aber an diesem Samstagmorgen versuchte ich mir nur die Welt von außen vorzustellen. Ich wollte durch die Mauer hindurchsehen, als wenn es eine Glaswand wäre. Ein Jahr bin ich schon hinter diesen Mauern. Wie gern würde ich wieder einmal Autos, Bäume und „normale" Menschen sehen. Wie gerne würde ich wieder in Freiheit leben.

Ich befand mich mitten in einer Traumwelt, als mich mein Freund Krishnasami da herausriß. „An was denkst du, Frank?" – „Ich denke ... Ich denke, wie schön es wäre, da draußen zu sein, Sami." – „Zwischen dieser Hölle hier und der Freiheit da draußen liegt nur eine Mauer", sagte Sami. „Hey Sam", ich ließ mir etwas Zeit, um den Satz zu formulieren, „findest du es unmöglich,

von hier wegzukommen?" Krishnasami ließ sich genausoviel Zeit zum Antworten: „Unmöglich ist es bestimmt nicht. Wo ein Wille ist, da ist auch ein Weg."
„Wenn es nur auf den Willen ankäme, dann wär ich schon längst draußen. Wie steht es mit dir?"
„Ich habe auch schon oft mit dem Gedanken gespielt abzuhauen, aber alleine geht das nicht, dazu braucht man die richtigen Leute."
„Die richtigen Leute sind hier bestimmt schwer zu finden, aber eine kleine Gruppe von drei oder vier Mann könnte es schaffen."
So entwickelte sich unser Gespräch, und dieses Thema läßt uns seit Tagen nicht mehr los. Sollte Sami der richtige Mann für einen gut durchdachten Fluchtversuch sein? Würde es nur ein Versuch bleiben? Wie groß sind unsere Chancen, nicht nur über die Mauer, sondern auch aus dem Land zu kommen? Bin ich bereit, solch ein Risiko einzugehen? Das sind die Fragen, die mir seitdem ständig durch den Kopf gehen.

Wir reden nur noch über Flucht

2. Dezember 1984

Ich habe mich entschlossen abzuhauen. Sami ist auch dabei, er ist der richtige Mann für diesen Plan. Einen perfekten Plan haben wir noch nicht ausgearbeitet, vielmehr lassen wir uns täglich etwas Neues einfallen. Krishnasami und ich reden nur noch über das Thema Flucht. Unserer Meinung nach gibt es zwei schwache Stellen an der Mauer. Die erste ist die Eisentür zu dem Besucherraum, die zweite ist die Power Station, ein kleines Elektrizitätshäuschen, in dem sich ein Generator befindet. Diese Power Station steht sehr nahe an der Mauer, das Dach ist fast fünf Meter hoch, und außerdem ist alles umzäunt. Die drei Zäune, die es zu überklettern gilt, stellen für mich kein großes Problem dar; so etwas habe ich vor zehn Jahren beim Kirschenklauen schon gemacht. Vor dem Stacheldraht habe ich wesentlich mehr Angst, und außerdem gibt es auch noch zwei Posten. „Das Risiko ist bestimmt groß, aber was haben wir schon zu verlieren?“ sagte ich schon oft zu Sam. „Better a bullet in your back than the rope around your neck!“ (Besser eine Kugel in deinem Rücken als den Strick um deinen Hals!) Das schien ihn zu überzeugen.

Wenn wir uns hinterher bis nach Thailand durchschlagen können, wollen wir dort für ein paar Monate in einem Kloster untertauchen oder als Mönche durch das Land ziehen. Wir müßten uns dann unseren Kopf rasieren. Meine Bedenken, daß in diesem Land ein weißer Mönch auffallen würde, schlug Sami in den Wind. „In Thailand gibt es viele Europäer mit diesen orangefarbenen Gewändern. Sie werden von der Bevölkerung sehr respektiert, weil sie die Religion des Buddhismus sehr ernst nehmen.“

Krishnasami und ich als Mönche verkleidet … Ich versuche mir das bildlich vorzustellen. Das gibt bestimmt ein schönes Abenteuer, es trifft genau meinen Geschmack. Wahnsinn!

Ich möchte nicht als Verlierer zurückkehren!!!

4. Januar 1985

Die letzten zwei Wochen habe ich im Hospital verbracht. Ich hatte eine Hautkrankheit an den Fingern der linken Hand. Der Sanitäter, der gerade die Urlaubsvertretung für Mr. Lee machte, wollte mich zunächst nicht ins Krankenhaus gehen lassen. So mußte ich mich beim Tuan beschweren, denn bei ernsthaften Erkrankungen werden die Gefangenen nach draußen ins Krankenhaus geschickt, weil es dort Fachärzte und eine bessere Ausstattung gibt. Man fesselte mich mit Handschellen an einen Wärter, ein zweiter lief mit einem 38er Revolver hinterher. Das Krankenhaus ist nur 300 m vom Gefängnis entfernt. Der Arzt stellte sofort eine Bescheinigung aus, die mir erlaubte, für zwei Wochen im Gefängnishospital zu bleiben.
Unter den ca. 30 Patienten war Kevin, er war der einzige, den ich gut kannte. Ich durfte auf einer Matratze schlafen, der Australier hatte als Dauerpatient ein Bett. Er berichtete mir von seinem Aufenthalt im Pudu-Gefängnis in Kuala Lumpur, wo er von einem Spezialisten untersucht worden war. In dieser Zeit wurden dort drei Menschen aufgehängt; zwei chinesische Drogenhändler und ein Malaye. Dieser war Polizeibeamter, der vor ein paar Jahren seine Freundin ermordet hatte.
Kevin berichtete mir von der Stimmung am Abend vor der Hinrichtung. Jeder wußte davon, denn die Todeskandidaten werden am Nachmittag vorher benachrichtigt. Zu normalen Besuchen werden sie an einen Wärter gekettet, am letzten Tag tragen sie links und rechts Handschellen. Sobald die Leute in den Todeszellen das Rasseln von mehreren Handschellen hören, wissen sie, was der nächste Morgen für einen ihrer Freunde oder sogar sie selbst

bringt. Am späten Nachmittag erhalten die Betroffenen ihre letzte Mahlzeit nach Wunsch. Sie haben danach die Möglichkeit, mit einem Priester zu reden, und werden dann bis zum Morgen um 5 Uhr nicht mehr aus den Augen gelassen. Die Gefangenen aus den in der Nähe liegenden Zellen singen abends noch ein Abschiedslied, welches man sich aussuchen darf. „Als man die Jungs zur Hinrichtungsstätte führte, hörten wir den Malayen schreien. Er flehte um Gnade, versicherte, daß er es nicht gewesen sei ... Die beiden Chinesen waren ruhig."
Ich wollte es ihm zunächst nicht glauben, als er mir weiterhin sagte, daß im Pudu-Gefängnis in einer kleinen Zelle bis zu 17 Leute untergebracht sind. Man hat keinen Platz zum Liegen, sondern kann nur in einer Sitzposition schlafen. Tagsüber sei es dort erdrückend heiß, auf dem Boden bilden sich Rinnsale aus Schweiß.
Nach den langen Gesprächen mit Kevin, die oft bis spät in die Nacht dauerten, sah ich noch aus dem Toilettenfenster. Alles war total still, die Gefangenen schliefen, und ich blickte in die Stille der Nacht. Ich wollte mit der nächtlichen Atmosphäre etwas vertraut werden. Ab und zu konnte ich den wachhabenden Officer und den Sergeant bei ihrem Rundgang beobachten. Ich versuchte, mich in ihre Lage und in ihre Denkweise zu versetzen. Wie aufmerksam werden sie morgens um 3 Uhr noch sein? Leuchten sie alles mit ihrer Lampe ab? Kontrollieren sie die Zäune?
Selbst wenn ich schon im Bett lag, ging mir der Gedanke zu fliehen nicht aus dem Kopf. Ich habe wirklich nichts zu verlieren, dachte ich mir, es muß einen Versuch wert sein. Außerdem mußte ich mir eingestehen, daß mich dieses Unterfangen an sich sehr reizte. Sicherlich – in erster Linie möchte ich mein Leben retten und die Freiheit wiedererlangen. Aber der Gedanke an die praktische Ausführung des Plans verursacht in mir eine seltsame Aufregung. Es ist ein angenehmes Gefühl! Vor ein paar Jahren schlich ich mich mit einem Freund um Mitternacht an ein

Festzelt, das ganz in der Nähe meiner Heimatgemeinde aufgebaut war. Es herrschte noch die übermütige Stimmung mit Musik und Tanz, als ich den Stecker an dem gegenüberliegenden Elektrizitätshäuschen herauszog. Es wurde ganz plötzlich still und dunkel in diesem Zelt, nur ein paar Frauenstimmen wurden laut vor Aufregung. Ich sprang über den Zaun, wir rannten weg und sahen uns das Schauspiel von unserem Versteck aus an.
Damals verspürte ich eine ähnliche Spannung wie jetzt, wenn ich daran denke zu fliehen. Nach einer geglückten Flucht würde ich mit anderen Gefühlen nach Hause kommen. Ich käme als ein Gewinner zurück, jemand, der nicht nur der Gefängnisleitung ein Schnippchen geschlagen hat. Selbst wenn ich bei der ersten Verhandlung freigesprochen werde, habe ich doch verloren. Die Zeit kann mir niemand wiedergeben, und das Geld für den Rechtsanwalt ist auch weg.
Ich möchte nicht als Verlierer zurückkehren!!!
Kevin stellte mir die beiden indischen Hospitalassistenten Dambi und Kareen vor. Sie arbeiten tagsüber in der Klinik. Kareen wurde wegen Raubüberfalls zu zwei Jahren verurteilt. Er hatte Glück, denn er konnte vor seiner Festnahme die echte Pistole mit einem Plastikmodell vertauschen.
Dambi ist 35 und war schon einige Male im Gefängnis, weil er seit über zehn Jahren drogenabhängig ist. Er erzählte uns ganz stolz, wie er zweimal seine eigene Mutter übers Ohr gehauen hat, um an Geld zu kommen. „Einmal lieh ich mir bei einem Freund eine indische Filmcassette aus und nahm sie mit nach Hause. Ich wußte, wie gern sich meine Mutter diese Art von Filmen ansieht. Sie freute sich so sehr darüber, daß sie sofort die zehn Dollar Gebühr bezahlte, die ich ihr abverlangte. Ein anderes Mal war ich so verzweifelt, weil ich kein Dope und auch kein Geld mehr hatte. Da stahl ich den Wasserkanister aus unserer Küche und verkaufte ihn auf dem Schwarzmarkt für 15 Dollar. Das Geld reicht aus, um mir Heroin und

Zigaretten zu kaufen. Meine Mutter schimpfte natürlich mit mir, als ich nach Hause kam. Sie wußte, daß nur ich diesen Wasserkanister genommen haben konnte. Ich gab zu, ihn verkauft zu haben, machte ihr aber Hoffnung, ihn für 25 Dollar zurückzubekommen. Meine naive Mutter gab mir sofort das Geld, und ich machte mich auf den Weg. Den blöden Wasserkanister hatte ich gleich vergessen. Ich dachte nur an das Geld in meiner Tasche und wieviel Heroin ich mir dafür kaufen konnte. Erst nach drei Tagen traute ich mich wieder nach Hause." Dambis Geschichte ekelte mich an. „Mensch Dambi, wie kannst du nur deine eigene Mutter bestehlen?" fragte ich verständnislos. „Du kannst das nicht verstehen, Frank", antwortete der Inder, „nur ein Drogenabhängiger kann das verstehen."

Silvester saß ich mit Kevin erwartungsvoll auf der Fensterbank und wartete auf das Feuerwerk. Im Hospital gibt es zwei riesengroße Fenster. Gerne schaue ich in die Nacht hinaus. Wie friedlich der Himmel und die Sterne aussehen. Darauf mußte ich ein Jahr verzichten.

Wir beide waren sehr enttäuscht, als wir um 24 Uhr nur ein paar Schiffssirenen heulen hörten. Erst am nächsten Tag erfuhren wir, daß Feuerwerke in Malaysia verboten sind. Kevin wünschte den Menschen dieses Landes auf seine Art ein neues Jahr. Er brüllte so laut er konnte: „Ihr Scheißkerle!!!" Ein Glück, daß es der Sergeant nicht hörte, der wenige Minuten später auf seinem Rundgang vorbeikam. Wir gaben uns die Hand und wünschten uns gegenseitig ein „Happy New Year".

Vorgestern wollten wir beide dringend zum Office. Kevin wollte Zigaretten kaufen, und ich wußte, daß dort ein paar Briefe für mich lagen. Gleich früh am Morgen fragte ich den Wärter Karmal, ob er uns zum Office bringen könne. Er nickte und sagte, es wäre nach dem Frühstück möglich. Um 9 Uhr vertröstete er mich noch einmal, und dann ließ er sich überhaupt nicht mehr blicken. Das störte mich weitaus mehr, als wenn er meine Bitte gleich abgelehnt hätte. Ich wurde wütend. Kevin meinte, man darf da nicht lange zögern, sondern muß bei der nächsten Gelegenheit aus dem Hospital schlüpfen und draußen so lange warten, bis man uns zum Office bringt. Als Einheimischer hätte ich mich das nie getraut, aber wir sind nun mal keine Einheimischen, sondern die Mat Sallehs. Der Wärter machte einen verblüfften Eindruck, als wir ihm erklärten, er müsse uns jetzt begleiten. „Geht nicht, geht nicht, reingehen!" Kevin staunte sehr, als ich plötzlich den Wärter anschrie: „Ich habe es satt, ständig zu warten und zu warten. Heute morgen habe ich deinen Kollegen freundlich gefragt, aber er kümmert sich einen Scheißdreck darum. Wenn ihr diese Sprache nicht versteht, dann kann ich auch anders – verdammt noch mal!" Das sagte ich ihm auf englisch, aber ich glaube, er konnte nur die Hälfte davon verstehen. Der Trick funktionierte, denn wir bekamen zwei Minuten später eine Eskorte. Im Office schlug der Drei-Sterne-Officer Patan die Hände über dem Kopf zusammen, als er Kevin sah. Er kannte den Australier nur zu gut. Patan ist für die Konten der Gefangenen verantwortlich. Er wußte, daß Kevin Schwierigkeiten machen würde, wenn ihm irgend etwas nicht paßte. Resigniert sagte er: „O weh, du schon wieder. Sag mir, was du willst. Es wird sofort erledigt, und mach bitte keinen Ärger." Diese Behandlung schien Kevin Spaß zu machen, er genoß es in vollen Zügen.

Seit heute morgen bin ich wieder in Halle C. Die Zelle 199 wurde leider in der Zwischenzeit von anderen Chinesen besetzt; ich bin jetzt in 192 bei den drei Hongkong-Chinesen Ng Yiu Kwock, Chow Sing und Tam Tak Wai. Um 18 Uhr übten wir vier Gymnastik, was mir sehr viel Spaß machte. Ich habe seit über einem Jahr keine Übungen mehr gemacht, schon nach acht Liegestützen mache ich schlapp. Früher schaffte ich 50. Ich muß mich unbedingt körperlich fit halten, um mich auf diese Weise auf die Flucht vorzubereiten.

„Würdest du mich abknallen?“

6. Februar 1985

Am 9. Januar nahm man mich wieder im Hospital auf. Die gleiche Hautkrankheit hatte ich diesmal am Fuß. In den ersten Tagen war es mir nicht möglich aufzutreten, ich mußte Krücken benutzen. Mr. Lee wollte mich zunächst nicht in das Krankenhaus zu einer Untersuchung überweisen. Als ich mich daraufhin beim Tuan beschweren wollte, hatte ich mit dem Chinesen eine große Auseinandersetzung. Mr. Lee schrie mich an, was ich mir denn überhaupt einbilden würde. Er sei bereit, meine Wunden zu behandeln. „Euch Weißen geht es doch hier viel zu gut. Ihr bekommt europäisches Essen und habt sonst noch viele Vorteile, und dann wollt ihr euch noch ständig beschweren.“ Er holte ein kleines Formular aus der Schublade. „Welchen Arzt möchtest du denn sehen?“
So kam ich doch hinaus. Der Arzt verschrieb mir sieben Penicillinspritzen, so daß ich eine Woche lang in das Krankenhaus gebracht werden mußte. Ich nutzte die Gelegenheit, um mir ein Bild von draußen zu machen. Von der Mauer kann man nicht herunterspringen, wir würden ein Seil brauchen. Ein Seil zu beschaffen stellt kein Problem dar. Im Sabut gibt es immer welche, denn daraus werden die Teppiche hergestellt. Wie stark ist diese Straße in der Nacht befahren? Ist dort ein weiterer Posten plaziert? Auf diese Fragen muß ich noch Antworten finden. Oft versuche ich, einen der Wärter in ein Gespräch zu verwickeln und ihn vorsichtig auf das Thema zu lenken, das mich interessiert. Einem Wärter, mit dem ich mich sehr gut verstehe, stellte ich sogar die Frage: „Würdest du mich abknallen, wenn ich über die Mauer klettern würde?“ – „Klar, das ist doch mein Job!“ war seine spontane Antwort.
Ich bin mir noch nicht im klaren darüber, was ich zu tun

bereit wäre, wenn sich ein Wärter mir auf der Flucht in den Weg stellen würde. Eigentlich soll alles so ruhig wie möglich ablaufen, niemand soll etwas merken. Aber wenn doch? Ich glaube, ich wäre bereit, denjenigen umzubringen, vorausgesetzt, daß es unsere Chancen erhöht, wegzukommen. Wenn die es als selbstverständliche Aufgabe ansehen, einen Gefangenen auf der Flucht zu erschießen, dann tragen sie das Risiko, selber dabei draufzugehen. Wenn es deren Pflicht ist, zu schießen, dann ist es unser Recht, uns zu wehren oder es erst gar nicht so weit kommen zu lassen.

Im Hospital lerne ich einen älteren Inder kennen. Er wurde mit zwei Sticks Ganja erwischt und zu sechs Monaten verurteilt. Er regt sich sehr darüber auf und erzählt mir: „Seit 40 Jahren rauche ich Ganja, also schon seit meinem 14. Lebensjahr, und jetzt steckt man mich dafür ins Gefängnis. Ich habe doch niemandem geschadet." Irgendwie muß ich dem netten Inder Recht geben. Geschadet hat er, außer sich selbst, niemandem. Er machte auf mich einen starken Eindruck, und seine Sinne hatte er auch noch beisammen. Ich möchte Ganja als Droge nicht verharmlosen, obwohl zwischen Cannabis und Heroin ein großer Unterschied besteht. Es gibt allerdings auch Leute, die von Cannabis kaputtgehen. Grundsätzlich kann ich nicht verstehen, warum man überhaupt Drogen nimmt, obwohl ich ständig mit Abhängigen zusammen bin.

Der kleine Ismail, der mir öfters für eine Scheibe Käse den Rücken massiert, ist total heruntergekommen. Er erklärt mir, er sei seit 16 Jahren heroinabhängig, und so sieht er auch aus. Ismail ist genauso alt wie der Inder, aber sehr dünn und schmächtig. An seinen Armen zeigte er mir die blau-schwarzen Narben von den vielen Einstichen. Er spritzte täglich viermal seit über sechs Jahren. Früher hätte er das Rauschgift nur geraucht, aber „beim Fixen bekommt man einen besseren Kick", sagte er.
Schon bei meinem letzten Aufenthalt im Dezember

freundete ich mich mit dem Chefassistenten Johnny an. Durch ihn hatte ich die Möglichkeit, etwas länger im Hospital zu bleiben, weil es seine Aufgabe ist, die Patienten zu entlassen.
An Kevins Plastikbecher passiert mehrere Male etwas sehr Seltsames. Wenn er seinen Tee ausgetrunken hat, bleiben die Teeblätter dabei am Rand hängen und bilden dabei die Form Australiens. Einmal konnte man sogar die Insel Tasmanien an der Südostküste erkennen. Das ist für ihn ein Zeichen, daß er wieder in seine Heimat zurückkehren wird. Ich fühlte mich sehr wohl im Hospital. Dort gibt es eine Toilette und ein Bad, wo man abends genügend Wasser hat, um sich zu waschen. Durch die riesigen Fenster und die Gitterwand auf der hinteren Seite des 200 Quadratmeter großen Raumes kommt sehr viel frische Luft. Sicherlich – tagsüber ist es auch dort erdrükkend heiß, aber abends verspürt man schon eine leichte Brise, die ich als sehr angenehm empfinde.
Gleich über dem Hospital ist das Kumpulan, wo ich meine ersten zwei Nächte verbrachte. Einige dieser Jungs sind immer noch da oder schon wieder da, andere sind schon verurteilt und arbeiten in der Wäscherei Dobi, als Schuster im Tukang Kasut, oder sie müssen im Sabut Kokosnüsse mit einem Holzhammer bearbeiten. Oben im Kumpulan verstecken sie morgens alle zusätzlichen Decken unter dem Dach, denn jeder Untersuchungshäftling darf nur eine haben. Ich sehe, wie einer an den Gitterstäben hochklettert und eine Decke nach der anderen durch die Gitterstäbe drückt und unter das Ziegeldach legt.
Ich beobachte Ah Kau beim Brottauschen. Er hängt es an eine Leine, die Jungs oben ziehen es hoch und lassen die versprochenen Zigaretten auf gleichem Wege wieder runter. Dabei fallen mir auch die vielen Ratten auf, die sicherlich auf den Tag warten, an dem das Brot herunterfällt.
Ich lerne einen Inder kennen, der mit dem Gesetz schon oft in Konflikt geraten ist. Arumugam ist erst 28 Jahre

alt, kann aber die Zahl seiner Gefängnisaufenthalte nicht mehr zählen. Einmal wurde er mit drei Freunden zu jeweils drei Monaten verurteilt, weil ein Polizist das braune Papierchen in ihrer Nähe fand, in das man üblicherweise Ganja einrollt. „Sicher hatten wir das Gras vorher geraucht, aber beweisen konnte die Polizei das nicht. Dieses Papier hätte von jeder anderen Person stammen können."

Ein anderes Mal vergaß er, an einem vorgeschriebenen Tag in der Woche auf der Polizeistation seine Unterschrift zu geben. Das war Bewährungsauflage. „Monatelang war ich immer pünktlich dagewesen, um zu unterschreiben. Nur das eine Mal hatte ich es vergessen. Als es mir einfiel, war es für diesen Tag zu spät, so wollte ich am nächsten Tag hingehen. Am Morgen wachte ich mit Handschellen auf, und ich wurde deswegen zu zwei Jahren verurteilt – ohne Bewährung."

Seit zehn Tagen bin ich wieder in Halle C. Mit Kwock und Wai verstehe ich mich astrein. Chow Sing kann ich nicht leiden, er ist intolerant, dafür versteht er sehr viel vom Kochen. Ich habe mir ein praktischeres Ofengestell ausgedacht und mir von einem Freund, der draußen im Workshop arbeitet, zurechtschneiden lassen. Alle drei Tage gibt es bei uns ein Festessen, denn meine Zellengenossen tauschen dann 15-20 Hühnchenrationen gegen Heroin. Chow Sing trennt mit einem Messer das Fleisch von den Knochen. Allzuviel bleibt dann nicht mehr übrig, aber wir freuen uns alle auf die Abwechslung. Das Messer ist ein altes Blechband, das wir auf dem Boden schärfen. Vor zwei Tagen entwickelte sich ein so starker Rauch in unserer Zelle, daß Kwock, Wai und ich mit Handtüchern und Pappkartons wedeln mußten. Gestern gab es Steamed Eggs, und heute möchte Tam Tak Wai seine Kochkünste vorführen. Es gibt French Bread im Hongkong-Stil. Ich werde mich überraschen lassen. Sofern es möglich ist, lassen wir uns öfters etwas anderes einfallen. Mit der Zeit lernt man, welcher Fisch zu welchem Gemüse paßt. Am schwierigsten ist es, an all diese Dinge heranzukommen. Ein paar Gewürze bekommen wir von den Cookies, dazu sind die richtigen Beziehungen nötig. An jedem dritten Tag möchte jeder Drogenabhängige sein Hühnchenfleisch verkaufen, die anderen versuchen, die Ware einzutauschen. Das ist nicht immer einfach, denn die Wärter passen an diesen Tagen auch besser auf. Trotzdem fliegen ständig die Plastiktüten über die Trennwand, das Fleisch wird durch die Tür gereicht, obwohl ein Wärter gleich daneben steht. Die Cookies verstecken Extraportionen im Reis, und Harun hat sich sogar einen 1,50 m langen Stock in die Zelle geschmuggelt, um dann später, nachdem die Türen schon geschlossen sind, noch zu angeln. Ich versuche auch oft, einen Deal zu vermitteln, rede mit Leuten wie Raja, Chandra oder Beggi. Sie haben die besten Beziehungen, weil sie arbeiten. Für mich und meine Freunde wird das Risiko dann kleiner, und die Inder können sich auf diese Weise eine Kommission verdienen.

Man stößt sich gegenseitig ins Grab

25. März 1985

Oft fällt es mir schwer, diese Tagebuchaufzeichnungen fortzuführen. Ein paarmal hatte ich in den vergangenen Wochen angefangen weiterzuschreiben und habe die Seiten dann doch wieder herausgerissen. Ich habe das Gefühl, daß doch immer dasselbe geschieht, und meine Gedanken und Gefühle kann ich nur schwer beschreiben. Manchmal dreht sich alles im Kreise, mal geht es mir gut, mal bin ich niedergeschlagen. Frank, Frank, Frank ... Wem schreibst du das alles, und warum schreibst du das? Es hat ja doch keinen Sinn. Sinn. Sinn. Alles Unsinn! Vielleicht sollte ich nicht so oft nach dem Sinn fragen in dieser sinnlosen Situation. Vielleicht ist das ja auch alles nur ein Witz. Irgend jemand will mich testen, meine Geduld provozieren, mich herausfordern. Komm raus ... wer immer du bist, komm raus, ich möchte dir in die Fresse schlagen. Wahnsinn ... Irrsinn ... Unsinn ... alles Scheiße.

20 Uhr. Der Fall meiner Zellengenossen nähert sich langsam dem Ende. Acht junge Männer und eine Frau wurden vor zweieinhalb Jahren mit insgesamt 30 Pfund Heroin am Flughafen festgenommen. Es ist einer der größten Fälle in Halle C. Kwock, Wai, Chow Sing und Yip Tak Ming erhoffen sich eine Chance, freigesprochen zu werden, da man in ihren Taschen keinen Stoff fand. Sie werden allerdings als Organisatoren angeklagt. Die Chancen stehen meiner Meinung nach sehr schlecht, weil sie auf ihrer Reiseroute von Hongkong über Bangkok bis nach Penang mit den anderen zusammen waren, was der Staatsanwalt mit Hilfe von Zeugen und Hotelregistern fast lückenlos beweisen kann. Yip erklärte mir: „Wir wurden damals zwei Wochen lang im Police Lockup festgehalten. Jeden Tag holte man ein paar von uns nach oben zum Verhör. Wir mußten uns nackt ausziehen und wurden auf dem Rücken gefesselt. Diese Scheißbullen schlugen uns mit Schläuchen, traten uns mit ihren Absätzen in den Magen oder hielten sogar brennende Zigaretten an die Hoden."

Fünf Monate zieht sich dieser Fall schon hin. Einige Male wurde der Prozeß vertagt. Einmal verstarb der Bruder des verhaßten Richters, ein anderes Mal kamen irgendwelche Zeugen nicht. Die Rechtsanwälte beantragten sogar schon, den Richter zu wechseln, weil dieser voreingenommen sei. Der Antrag wurde abgelehnt. Die Hongkongs machen einen großen Fehler, sie sind sich nicht einig im Aufbau ihrer Verteidigung. Jeder hat einen anderen Rechtsanwalt, und jeder Anwalt versucht, seinem

Mandanten mit einer anderen Strategie zu helfen. Dabei ist es leider unausweichlich, daß einer den anderen beschuldigt. Man stößt sich auf diese Weise gegenseitig ins Grab. Das kann mir in meinem Fall zum Glück nicht passieren.

Goldfinger, Ali Baba und Jack Afrika sind nicht mehr bei uns, denn in den letzten zwei Monaten wurden einige aus Halle C zu 20 Jahren verurteilt. Jack Afrikas Verhandlung dauerte nur zwei Stunden, als man ihn nach vier Jahren endlich vor Gericht brachte. Noch am gleichen Nachmittag wurde das Urteil gesprochen.

Goldfinger, wir nennen ihn so, weil ihm zwei Finger an der rechten Hand fehlen, wurde vor ein paar Jahren mit 150 g Heroin gefaßt.

Ali Babas Schicksal hat mich betroffen gemacht. Er war unser Clown. Auch Corporal Singh, der letzten Monat pensioniert wurde, konnte ihn sehr gut leiden. Ali Baba ist lebenslustig. Er hüpfte und tanzte durch Halle C, er hängte sich bei irgend jemandem ein, wackelte mit dem Hintern und ahmte eine Frau nach. Im nächsten Moment verwandelte er sich in einen schießwütigen Cowboy. Er schoß mit seinem Zeigefinger und schnalzte gleichzeitig mit der Zunge, er wirbelte im Kreis herum und ließ sich auf den Boden fallen. Ali Baba ist wenige Jahre älter als ich, wenn er entlassen wird, ist er Mitte Dreißig.

Kwock lehrt mich seit vier Wochen den chinesischen Kanton-Dialekt. Er wollte von mir auch etwas Deutsch lernen, hat es aber schon wieder aufgegeben. Ich mache kleine Fortschritte und kann mich wenigstens mit Chow Sing, den ich immer noch nicht leiden kann, auf Chinesisch streiten. „Di ne lo mo chow hei", ist einer der Ausdrücke. Ich traue mich nicht, es ins Deutsche zu übersetzen.

Vor wenigen Wochen wurde hier ein Neuseeländer eingeliefert. Mit einem Pfund Heroin wurden er und seine Mutter am Flughafen Bayan Lepas festgenommen. Aaron ist erst 18 Jahre alt, aber schon seit mehr als zwei

Jahren süchtig. Seine Mutter Lorraine hängt angeblich seit über 20 Jahren an der Nadel. Seit ein paar Tagen sitzt Aaron im Tutop. Wir hatten ihn immer wieder gewarnt: „Rühr das Zeug nicht an!" Bob nahm ihn sogar in seine Zelle und paßte auf ihn auf wie auf seinen kleinen Bruder, bis er ihn vor zwei Wochen beim Drachenjagen erwischte. Er warf ihn aus der Zelle raus, weil Aaron ihn schon öfters angelogen hatte. Drei Zellen weiter, in 197, wurde er herzlich aufgenommen. Es schien Aaron dort besser zu gefallen, denn er tauschte alles, was er besaß, und seine ganzen Rationen gegen Heroin und war jeden Tag zu. Während der Pausen lief er oft im Korridor herum, breitete die Arme aus und spielte Flugzeug; jeder wußte genau, was mit ihm los war. Das wußten bestimmt auch die Officers, als sie vor wenigen Tagen seine Zelle durchsuchten. Aaron hätte selbst mit größter Anstrengung nicht verbergen können, daß er abhängig ist. Er ist genauso groß wie ich, wiegt aber nur die Hälfte. Seine Oberarme sind so dünn wie meine Handgelenke. So kommt die Tätowierung auf seiner Schulter sicher nicht zur Geltung, obwohl es mit Abstand die schönste ist, die ich hier gesehen habe.

Ein toller Blick auf die Todeszellen

18. April 1985

Seit Montag gehen Namsu, Raja, Goh Gee Peng und der alte Ah Keat vor Gericht. Auf diesen Tag haben Krishnasami und ich lange gewartet. Um unseren Plan verwirklichen zu können, muß Namsu die Zelle 129, in der Sami wohnt, unbedingt verlassen. Es kommt keine andere Zelle in Frage, weil sie als Ausgangspunkt für unser Vor-

haben am günstigsten ist, und wir wissen, daß Namsu bei unserem Plan nie mitmachen würde. Egal wie das Urteil ausfallen wird, der Inder kommt auf jeden Fall aus Halle C, und ich kann dann sofort nach unten ziehen.
Die Hongkongs haben sich aus einem Stück Seife einen Buddha schnitzen lassen. Die Figur steht jetzt auf Kwocks Tempel, zu dem er jeden Abend betet und sich verbeugt. Wai, der von Jeff oder Bob den Namen Stanley bekam, hat seinen eigenen Buddha an der Tür. Er tut allerdings etwas sehr Verwunderliches, denn wenn er mit seinem Ritual fertig ist, schlägt er ein kleines Neues Testament auf und betet noch einmal. Dazu nimmt er sich mein kleines Kreuz, das ich von einer Schwester kurz vor meiner Reise mit den Worten geschenkt bekam: „Das wirst du vielleicht eines Tages einmal gut gebrauchen können." Sicherlich denkt er: „Doppelt gemoppelt hält besser."
Die Chinesen sind unwahrscheinlich abergläubig, und so passen sie jetzt kurz vor ihrem Urteil ganz besonders auf, was sie tun und sagen. Letztens zog sich Stanley an den Gitterstäben hoch und sah aus dem Fenster. Ich machte die Bemerkung: „Na, da hast du ja einen tollen Blick auf die Todeszellen." Stan ließ sich vor Schreck fallen, drehte sich zu mir und sagte todernst: „Frank, wenn du dieses Wort noch einmal in den Mund nimmst, dann kannst du diese Zelle verlasen." – „Hey Stan, du kannst doch die Tatsachen nicht verdrängen, indem du sie nicht ausprichst. Da drüben stehen nun mal die Todes..." – „Halt's Maul, in dieser Zelle darf man dieses Wort nicht aussprechen."
Ich werde mit meinen Problemen fertig, indem ich mich über den Grund lustig mache, es mit einem Schulterzukken abtue, als ginge es mich gar nichts an. Oder ich überspiele das eigentliche Problem, indem ich andere Dinge in den Vordergrund stelle. So gelingt es mir, mich davon zu distanzieren.
Der Aberglaube ist ein einträgliches Geschäft für Din

Bakar. Der Malaye streut täglich Brotkrümel auf das Dach und fängt Tauben, indem er sie am Schwanz packt und herunterzieht. Für eine Taube erhält er von den älteren Chinesen ein kleines Päckchen Heroin. Die lassen dann den Vogel wenige Minuten später wieder frei, weil es Glück bedeutet, wenn man einem Tier die Freiheit schenkt.

Daß man aber junge, lebende Mäuse essen soll, weil es gut gegen Asthma und innere Blutungen sei, gehört nicht zum Aberglauben, bestätigt mir Krishnasami.

Seit wenigen Tagen ist Kevin wieder bei uns. Es gab Ärger im Hospital, und so ging er freiwillig wieder zurück, obwohl er immer noch auf Krücken läuft. Erst heute morgen erfuhr ich den eigentlichen Grund für seine plötzliche Rückkehr. Leong erklärte mir, daß Kevin selten seine Hühnchenration aß. Da er im Hospital nicht die Möglichkeit hatte, sein Essen gegen Zigaretten oder andere Dinge einzutauschen, warf er es in den Mülleimer. Zu seinem Schrecken stellte er fest, daß einer der Schwachsinnigen das Fleisch unbekümmert aus dem Abfall und der Spucke herausholte und verzehrte. So pinkelte der Australier beim nächsten Mal demonstrativ über seine Ration, womit er sich den Haß der anderen zuzog. Leong schrie ihn an: „Was glaubst du denn, wer du bist, verdammt noch mal? Meinst du denn, du hättest irgendwelche Freunde hier? Keiner kann dich leiden, wir haben dir nur geholfen, weil wir Mitleid mit dir haben. Du bist hier nur toleriert, du Bastard. Wir sind alle froh, wenn du von hier verschwindest." Ich kann mir den kleinen Leong sehr gut vorstellen, wie er Kevin anbrüllte. Trotz seiner kleinen Gestalt wollte ich diesen Chinesen, der im Hospital als Checker arbeitet, nicht zum Feind haben. Wenn Leong wütend ist, traue ich ihm alles zu.

Kevins Stolz verbot es ihm, länger dort zu bleiben, und so kam er zurück nach Halle C.

Kwock hat dieses Schicksal nicht verdient

8. Mai 1985

Gestern wurden alle Hongkongs verurteilt. Es gab acht Todesurteile, nur Stanley erhielt 20 Jahre. Es war für mich keine Überraschung, ich war auf einen ähnlichen Ausgang vorbereitet, aber ich war doch betroffen, als Bob mir die Nachricht gestern nachmittag um 2 Uhr mitteilte. Es tut mir leid um Ng Yiu Kwock, er ist ein feiner Kerl, und ich konnte ihn von allen am besten leiden. Kwock hat dieses Schicksal nicht verdient, sofern man das sagen kann, daß überhaupt ein Mensch eine solche Strafe verdient hat.
Letzte Nacht war ich alleine, die Ruhe in der Zelle war ungewöhnlich und tat mir gut. Ruhe … Dieses Wort hat für mich seit gestern an Bedeutung gewonnen. Schon seit langer Zeit hatte ich keine Ruhe mehr, so freute ich mich oft auf die Stille der Nacht. Aber selbst dann spürte ich noch immer, daß ich nicht alleine war. Kwock lag dicht neben mir und fächerte sich mit einem Stück Pappe Luft zu, weil die Hitze das Atmen erschwerte. Stanley hörte noch Musik, ich konnte die Töne trotz des Kopfhörers vernehmen. Und Chow Sing war unruhig, mal wedelte er mit seinem Fächer, oder er wälzte sich hin und her, weil er nicht schlafen konnte.
Heute sind die zwei Chinesen Peng und Cheng bei mir eingezogen. Ich denke, ich werde mich mit den beiden gut verstehen. Es ist hier gar nicht so einfach, jemanden zu finden, der nicht süchtig ist und auch keine Geschäfte mit Heroin macht. Die beiden arbeiten draußen im Sabut; Peng näht die Teppiche zusammen, und Cheng klopft sehr geschickt mit kleinen Meißelchen Bilder auf dünne Messingplatten. Sie haben sich, genau wie ich, noch nichts zuschulden kommen lassen und haben des-

halb das Vertrauen des Sergeants, was uns kleinere Freiheiten einbringt. Heute haben wir die ganze Zelle ausgeräumt und mit weißer Kalkfarbe anstreichen lassen. Dabei fiel Cheng Kwocks Tempel auf. Zunächst störte ihn der Buddha aus Seife. „Seife benutzt man zum Waschen, deshalb ist sie für diesen Zweck nicht geeignet." Dann sah er zum Tempel und bemerkte, daß der Seifen-Buddha direkt zu dem Latrineneimer in der Ecke blickte. Er rief Peng und sprach zu ihm in chinesisch, es mußte etwas mit dem Buddha zu tun haben. Peng, der besser Englisch sprechen kann, erklärt mir: „Dieser Tempel war an der falschen Stelle angebracht. Der Buddha sah in Richtung des Eimers, und das ist nicht gut. Es ist eine Beleidigung. Bestimmt ist das der Grund, weshalb die Hongkongs verurteilt wurden." Daraufhin nahm er den Tempel vorsichtig ab und verbrannte die chinesischen Schriftzeichen.
Ich habe, seitdem Corporal Singh uns verlassen hat, noch mehr Freiheit. Sergeant Khalil wurde erst vor zwei Monaten befördert. Als er noch Corporal war, rief ich ihn manchmal „Sergeant". „Ich bin doch gar kein Sergeant", sagte er. „Das macht nichts, es klingt besser", antwortete ich. Darauf war er stolz, besonders als er kurze Zeit später wirklich befördert und meine Prophezeiung wahr wurde. Seitdem steht meine Zellentür stundenlang auf, und morgens darf ich fast zwei Stunden lang im Hof spazierengehen.
Lee Kai, Lai Mai Yeu und drei weitere Chinesen, die in einen Entführungsfall verwickelt sind, waren letzte Woche im Hungerstreik, nachdem ihr Verhandlungstermin nach fünf Jahren schon wieder verschoben wurde. Nach vier Tagen wurden sie von ihren Rechtsanwälten besucht, und sie brachen den Streik ab. Ich habe gehört, daß die Verhandlung auf den 30. Mai festgesetzt worden sei.
Der bisher größte Fall wurde letzten Monat aufgedeckt. In einem Lagerraum überraschte die Polizei zwei ältere

Chinesen mit 300 Pfund Opium. Sie sind seit zwei Wochen hier.

Wer diesen Kampf aufgibt, verliert die Hoffnung

2. Juni 1985

Bob wurde vor wenigen Tagen zum zweiten Mal zu 20 Jahren verurteilt. Die drei Jahre, die er schon abgesessen hat, werden ihm nicht angerechnet, und er bekommt zusätzlich noch acht Schläge mit dem Rotanstock. Ein paar andere haben am Tag nach der Urteilsverkündung gegrinst. „Den Fall hätte er doch sowieso nicht gewinnen können, wieso hat der Berufung eingelegt?" hörte ich Chandra sagen. Diese Menschen können nicht verstehen, daß wir Europäer uns mit einer so unwahrscheinlich langen Strafe nicht abfinden können. Die Todesstrafe oder 20 Jahre Gefängnis, auch wenn man selbst davon betroffen ist, kann man sich einfach nicht vorstellen. So viele Jahre im Gefängnis wirken unendlich, und deshalb muß man mit allen Mitteln dagegen ankämpfen. Wer diesen Kampf aufgibt, verliert die Hoffnung und wird sterben. Chandra kämpft nicht mehr. Durch Botengänge, das Waschen der Uniformen der Mitgefangenen und andere Dienstleistungen verdient er sich regelmäßig so viel Heroin, daß er sich in eine Welt der Träume zurückziehen kann. Ich traf Bob vor wenigen Tagen im Office. Er hat noch nicht aufgegeben: „Ich habe wieder Berufung eingelegt. Im Bundesgerichtshof komme ich bestimmt durch." Bob ist nach wie vor zuversichtlich. Ich beneide ihn um diese Kraft und seinen Glauben.
Die Kidnapper wurden auch zu 20 Jahren verurteilt. Wäre

der Richter bereit gewesen, die Anklage zu ändern, hätten sie mit sieben Jahren davonkommen können. Die Rechtsanwälte fanden dafür eine gute Begründung, aber der Richter Dzaiddin Haji Abdullah blieb hartnäckig – wie immer.

Letzten Monat traten wir alle in Hungerstreik. Ein kleiner Chinese wurde ohne ersichtlichen Grund ins Tutop geschickt. Dieser Vorfall löste den Streik aus, es gab aber auch noch andere Kleinigkeiten. Innerhalb von zwei Stunden bewilligte man uns alle Wünsche, denn einen Hungerstreik hatte es in Halle C noch nie gegeben.

Mit meinen beiden Zellengenossen verstehe ich mich ganz gut. Mit Peng mache ich morgens und abends in der kleinen Zelle Gymnastik. Ich mache jetzt oft bis zu 300 Liegestützen täglich und fühle mich fit.

Seitdem die Hongkongs nicht mehr da sind, muß ich mir viele Dinge selbst besorgen. Jeden zweiten Tag bekomme ich meine Hähnchenration. Aber ich kann nicht immer Hähnchen essen. Mit Hilfe Pengs gelingt es mir, an Rindfleisch zu kommen. Das geht so: Die Währung im Gefängnis ist Heroin, aber damit möchte ich nach Möglichkeit nicht in Berührung kommen, Peng aber hat immer welches in der Hosentasche. Ihm gebe ich also meine Hähnchenration, und er besorgt mir das Rindfleisch, das er direkt mit Heroin bezahlt. Das Fleisch muß ich mir nur noch zubereiten.

So lange halte ich das nicht mehr aus

28. Juni 1985

Peng ist frei. Er wurde gestern entlassen, nachdem er an drei aufeinanderfolgenden Tagen mit Akai und Fossun vor Gericht mußte. Sie waren alle im Sessions Court angeklagt und hatten 20 Jahre zu erwarten. Seit 1978 hatte Peng auf diesen Tag gewartet, über sieben Jahre ließ man ihn in Ungewißheit leben. Immer wieder wurde die Verhandlung aus unterschiedlichen Gründen vertagt. Auch für den kleinen Chung Khan, der wegen Kindesmißhandlung und Mord angeklagt wird, steht noch kein Termin in Aussicht. Er wartet genauso lange wie David Chong und seine zwei Freunde, seit mehr als sieben Jahren.

Vorgestern erklärte mir Peng, man hätte einen Wärter am Tor mit vier Päckchen Heroin erwischt. Diese Nachricht wurde mir am nächsten Tag bestätigt. Der Wärter sollte an diesem Tag das Dope nach Halle C liefern. Obwohl er jung verheiratet ist und seine Frau ein Kind erwartet, war er eines der tollkühnsten Schiffe im ganzen Gefängnis. Schiffe, so nennen wir die Wärter, die die Drogen reinschmuggeln. Der Tuan kennt natürlich fast alle Namen, denn unter den Gefangenen gibt es viele Hantus (Spitzel). Um aber handfeste Beweise zu haben, muß er das Schiff auf frischer Tat ertappen. Das ist fast unmöglich, denn niemand weiß den Tag, an dem der Stoff geliefert wird. Wird der Wärter vorher herausgegriffen und durchsucht, weiß er, daß man ihn auf dem Kieker hat. Nassri war etwas zu unvorsichtig, und deshalb wird er in Zukunft die Rolle eines Häftlings spielen. Vier Päckchen wiegen über 40 g. Bei einer Nr. 3 Qualität, wie sie in Penang üblich ist, dürfte der Reinheitsgehalt des Morphiums bei mehr als 15 g liegen. Pech für Nassri!

Kevin und Jeffrey haben einen Gerichtstermin, den

17. Juli, das sind nur noch drei Wochen. Mein Rechtsanwalt sagt, ich könne vielleicht danach an die Reihe kommen, aber mir fällt es schwer, daran zu glauben. Der will mir nur Hoffnung machen. Die Australier bekamen den Termin, weil Kevin in Australien operiert werden müßte, denn in Malaysia fehlen dazu die Fachkräfte oder die technischen Geräte. Mit einer schriftlichen Bestätigung eines Arztes hatte Rechtsanwalt Karpal Singh einen Trumpf, mit dem er einen frühzeitigen Termin beantragen konnte. Dies scheint die einzige Möglichkeit zu sein. Die Deutsche Botschaft hat schon einige Male einen Antrag gestellt – bisher ohne Erfolg. Immer wieder folgte die Antwort, daß Ausländer in diesem Land nicht bevorzugt behandelt werden und ich deshalb warten müsse, bis ich an der Reihe bin. Scheiße – wenn das wirklich der Fall ist, muß ich noch weitere fünf oder sechs Jahre warten. So lange halte ich das nicht mehr aus.
Der Ramadan ist noch nicht ganz zu Ende. Durch die Fastenzeit kamen Peng und ich auf eine gute Idee. Die Moslems leben unten. Viele von ihnen sind heroinsüchtig und tauschen deshalb die kleinen Kuchen, die sie während der Fastenzeit abends um sieben Uhr bekommen, sofort gegen Heroin. Keng kaufte davon soviel, daß er uns ein paar Kuchen rüberschickte. Ich probierte ein Stück. „Nach was schmeckt das?" frage ich Peng. „Da sind Bananen drin und irgendwelche Nüsse oder so …", sagte Peng.
„Ich überlege gerade, ob wir nicht auch etwas Ähnliches machen können."
„Das ist kein Problem. Mit dem Weißbrot oder deinem Braunbrot klappt das bestimmt gut." Damals im Januar, als ich im Krankenhaus den Arzt wegen meines Fußes aufsuchte, fragte ich ihn, ob er mir eine Bescheinigung ausstellen könne, um Braunbrot zu bekommen. Seltsamerweise erhalten das nur Diabetiker, aber der gute Mann tat mir den Gefallen, nachdem ich ihm erklärte, in Deutschland würden wir fast nur Braunbrot essen.

„Na klar", ich war begeistert, „wir können alles bekommen, was wir brauchen." In den nächsten Tagen sammelten wir dann die Zutaten. Bei der Zubereitung war ich der Chefkoch, Peng mein Assistent, und Cheng zerrieb die Erdnüsse mit einem Stein. Zuerst warfen wir sechs rohe Eier in die Waschschüssel und zerbröckelten zwölf dünne Scheiben Braunbrot. Das zermatschte ich mit der Hand zu einem Brei. Peng gab noch Zucker, Kakao, Butter, Haferflocken, die zerriebenen Erdnüsse und zu guter Letzt zwei in Stückchen geschnittene Äpfel hinzu. Den Brei füllten wir in eine leere 500 g Milchpulverdose, die wir in eine größere Dose stellten. Der Zwischenraum wurde mit etwas Wasser aufgefüllt, um den Kuchenteig später unter Wasserdampf zu erhitzen. Nach einer Stunde war unser Kuchen fertig. Er schmeckte prima!

Was ist nur plötzlich mit Sami los?

26. Juli 1985

Raja, Namsu, Goh Gee Peng und Ah Keat wurden zum Tode verurteilt. Über zwei Monate mußten sie auf das Urteil warten. Die Entscheidung sollte in Kuala Lumpur gefällt werden, aber so genau bin ich darüber nicht informiert. Mir ist es jetzt endlich möglich, unten in 129 einzuziehen, aber Krishnasami meint, ich solle erst noch ein paar Tage warten. Ich verstehe nicht, warum er jetzt noch die Sache hinauszögert, jetzt ist doch der ideale Zeitpunkt. Ich könnte zuerst runterziehen, und zwei Wochen später kommt Siva, den wir inzwischen als dritten Mann gefunden haben, nach. Was ist nur plötzlich los mit Sami? Er wird es sich doch nicht anders überlegt haben! Er wird doch hoffentlich keinen Rückzieher machen!

Vor zwei Wochen unternahm ein junger Chinese einen Fluchtversuch. Blitzschnell, mit der Geschicklichkeit eines Affen, rannte er zu den Todeszellen und kletterte am Abflußrohr hinauf. Noch ehe der verblüffte Wärter pfeifen konnte, war er an dem überstehenden Halbbogen entlanggesprungen und ließ sich die Mauer herunterfallen. Dabei verstauchte er sich einen Fuß und wurde kurz danach wieder geschnappt. Noch am gleichen Tag wurde dieses Rohr mit Stacheldraht umwickelt, und der Chinese kam ins Tutop.

Kevin und Jeffs Verhandlung ist zu Ende. Beide haben sie verloren. Die offizielle Urteilsverkündung ist allerdings erst am 1. August. Der malaysische Richter kündigte nach dem Plädoyer der Anwälte an, daß es zu einer Verurteilung käme. Das Urteil selbst wurde nicht ausgesprochen, aber wenn dem Richter kein Spielraum bleibt, erübrigt sich die Frage.

Wie kann man sich aber auch nur gegenseitig die Schuld in die Schuhe schieben? Solch eine schwachsinnige Verteidigungsstrategie bei diesem Richter! Die Chancen stehen immer noch besser, wenn man den Mann im Mond oder die grünen Männchen vom Mars dafür verantwortlich macht, als die Schuld auf seinen Partner zu schieben, der sich das natürlich nicht gefallen läßt. Die Chancen bei der Berufung sehen genauso schlecht aus, die beiden können nur noch auf Begnadigung hoffen.

Ich war natürlich traurig, als ich das voraussichtliche Urteil am Nachmittag erfuhr. Doch mir fällt es schwer, meine Gefühle zu beschreiben. Vielleicht bilde ich mir nur ein, traurig zu sein, weil es in einem solchen Fall normal ist. Irgendwie meine ich, schon abgestumpft zu sein, weil ich ständig mit solchen Nachrichten konfrontiert werde. Wahrscheinlich ist es gar nicht mal so schlecht, denn es hilft mir leichter, damit fertig zu werden und bewahrt mich vor dem Verrücktwerden.

Kevin und Jeffrey sind in den Todeszellen

19. August 1985

Seit drei Tagen bin ich wieder im Hospital. Vor einer Woche hatte ich mir auf einem Dosendeckel ein Ei gebacken und verbrannte mir dabei den Fuß. Ich konnte Haji überreden, mich im Hospital aufzunehmen, denn in Halle C steht man jeden Morgen beim Eimerreinigen in Pisse und Scheiße. Hier gibt es eine Toilette, so bleibt mir die morgendliche Stinkarbeit erspart.
Kevin und Jeffrey sind seit dem 1. August in den Todeszellen. Im alten Gebäude sind alle sieben Zellen schon besetzt, die beiden Australier sind in dem Trakt, der sich Asingan nennt. Dort sind noch weitere zehn Zellen frei. Sie liegen dem Hospital genau gegenüber, so kann ich die beiden sehen, wenn sie Besuch erhalten. Vor zwei Tagen machte eine australische TV-Crew Aufnahmen, der Fall der beiden kommt in Australien ganz groß raus. Hoffentlich gibt es bei mir nicht soviel Publicity, denn zuviel Presse kann bestimmt nur schaden. Eigentlich darf ich nur für wenige Tage hierbleiben, aber Johnny versucht, ein gutes Wort für mich einzulegen. Ich finde die Abwechslung sehr willkommen. Leong stellte mir gleich vom ersten Tag an sein Bett zur Verfügung, er schläft lieber auf dem Boden.
Seit einigen Wochen bekomme ich regelmäßig Besuch von einer Amerikanerin, die sich mir als Missionarin vorstellte. Betty war vor vielen Jahren in Kriegsgefangenschaft in Vietnam. Sie sagt, sie könne deshalb unsere Situation gut verstehen. Irgendwie geht sie mir auf den Geist. Gleich zu Anfang stellte sie mir die Frage: „Liebst du Jesus?“ Ich wußte nicht, was ich darauf antworten sollte und stellte ausweichend fest, daß ich die Bibel schon gelesen hätte.

Wenn ich nicht im Gefängnis wäre und soviel Zeit hätte, würde ich mich überhaupt nicht mit ihr unterhalten. Das wäre Zeitverschwendung. Da würde ich lieber mein Motorrad putzen oder das Auto polieren, danach sieht man wenigstens, was man getan hat. Reden bringt doch nicht viel, aber hier ist es besser als Nichtstun. Also höre ich mir weiter an, was Betty mir zu sagen hat. Sie macht es sehr geschickt, trotzdem habe ich nicht das Gefühl, daß eine Strategie dahintersteckt. Sie läßt mich auch oft genug zu Wort kommen – leider –, ich will das gar nicht, ich würde viel lieber nur zuhören, aber Bettys natürliche Art fordert einen zum Mitdenken und -reden heraus. Am meisten freue ich mich auf das Essen und das Glas Milch, das sie mir spendiert. Im Besucherraum gibt es leckere Sachen, an die wir sonst nicht rankommen.
Damals spielte sich unser Gespräch so ab:
„Ich konnte dieses Buch aber nicht verstehen", gab ich zu, „manche Geschichten finde ich unfair."
„Welche Geschichten meinst du denn, Frank?" wollte sie wissen. „Na, da ist zum Beispiel dieses Gleichnis im Neuen Testament mit dem Mann, der seinen drei Dienern diese Silberstücke gibt. Dem einen fünf, dem andern zwei und dem letzten eins. Die ersten beiden, so nehme ich an, sind ausgekochte Schlitzohre, denn sie können das Geld verdoppeln. Der letzte allerdings hat eben kein Gespür für Geschäfte. Er vergräbt es deshalb im Boden. Der Chef ist begeistert von den anderen, aber dem letzten nimmt er das Silberstück weg und feuert ihn. Das finde ich total unfair", sprudelte es aus mir heraus. Betty hörte zu und nickte. „Das mag vielleicht zuerst den Anschein erwecken, aber so ist es nicht. In diesem Gleichnis wird Gott von diesem Mann dargestellt, wir sind seine Diener. Gott hat jedem von uns verschiedene Talente und Fähigkeiten gegeben, die wir zu unserem Wohl und dem anderer Menschen einsetzen sollen. Es ist unsere Pflicht, unsere Fähigkeiten auszunutzen und nicht zu vergraben." Die Bibel scheint ihr Lieblings-

thema zu sein, mir macht es auch Spaß zu philosophieren, aber Betty redet mir zuviel von Jesus, und mit dem habe ich doch gar nichts am Hut.

Fluchtversuch aus Halle C

1. September 1985

Seit heute morgen kann ich unseren Fluchtplan wohl in den Wind schreiben. Ich erwachte mit der Neuigkeit, daß in der Nacht ein Fluchtversuch aus Halle C unternommen wurde, aber mißlang – leider. Ich weiß noch nicht, wer es ist, aber ich bin ziemlich sicher, daß Johore, der früher als Kopfgeldjäger für ein Rauschgiftsyndikat gearbeitet hat, mit der Sache etwas zu tun hat. Mist, jetzt werden bestimmt neue Sicherheitsvorkehrungen getroffen und Siva, Sami und ich können unser Vorhaben abblasen. Imba Raja ist schon seit über einer Woche im Hospital. Der Inder hatte früher als Office Boy gearbeitet. Ich lag gerade auf dem Bett und träumte vor mich hin, als er mich begrüßte: „Hallo Frank, Eintausendundein Salam von den Bergen Kayapas zu dem Tal des Punjab ... Wie geht es dir, mein Freund?" Imbas kleine, schwarze Augen leuchteten auf, und sein Mund verzog sich zu einem Grinsen, so daß ich seine Zahnlücken sehen konnte. „Hallo Imba, wie kommst du denn hierher, du siehst überhaupt nicht krank aus?" – „Ich habe eine Empfehlung von dem Doktor in Perak Road. Da oben im Kopf, Frank, da stimmt nämlich bei mir etwas nicht. Ich höre Stimmen, verstehst du, Stimmen, die machen mich ganz verrückt." Imba ist ein überzeugender Schauspieler, er drückte die Zunge durch die Zahnlücke und verdrehte die listigen Augen. Als langjähriger Drogenabhängiger, der sich sein Geld auf der Straße für seine Sucht verdienen mußte, hatte er gelernt, seine Talente einzusetzen, um bei anderen Menschen Mitleid zu erwecken oder sich durch seine Überredungskünste Vorteile zu verschaffen. „Ha, ha, ha ... Imba, hat dir der Doktor das wirklich geglaubt? Du ... und verrückt, das kannst du mir nicht erzählen!“ Der Inder sah nach links und rechts, dann schaute er mich an: „Unter uns, Frank, ich bin natürlich nicht verrückt, aber man kann sich ja nicht alles gefallen lassen.“ – „Was ist denn passiert, Imba?“ Ich wurde neugierig. „Die haben mich vor drei Monaten mit Geld erwischt, und ich wurde dafür ins Tutop gesteckt. Dort haben diese Scheißofficers mich getreten und geschlagen.“ Er zeigte mit dem Finger auf seinen Arm. „Da – wegen der Hautfarbe haben die es auf mich abgesehen. Wenn ich Malaye wäre, würden die mich in Ruhe lassen.“ – „Erzähl weiter, was ist dann passiert?“ – „Na, ich mußte unbedingt raus aus dem Tutop. Ich schlug meinen Arm so lange gegen den Eimer, bis er anschwoll, und rief dann den Wärter. Man brachte mich zunächst ins Hospital, wo mich Mr. Lee untersuchte, und ich erzählte ihm von den Stimmen, die mir befohlen, an der Tür hochzuklettern und runterzuspringen. Der schüttelte nur den Kopf, denn er glaubte mir bestimmt nicht. Aber er mußte mich nach draußen ins Krankenhaus zum Röntgen schicken, denn er konnte ja wirklich nicht wissen, ob der Arm gebrochen war oder nicht. Dem Arzt da draußen erzählte ich dann auch von den Stimmen. ‚Welche Stimmen sind das denn?‘ fragte er, und ich antwortete, es seien Stimmen aus dem Universum. Sie wollten mich umbringen, und ich könnte nachts kaum noch schlafen.“ Ich konnte mir Imba sehr gut bei diesem Schauspiel vorstellen. „Man schickte mich sofort in die Perak Road, und ich schaffte es, fast drei Monate in dieser Anstalt zu bleiben, das war gar nicht so einfach. Jetzt erst wurde ich wieder zurückgeschickt, ich darf aber hier im Hospital bleiben.“ Imba hat eine Tätowierung auf dem linken Unterarm.

„Ready coffin before you die", kann ich lesen. Es ist nicht sehr fachmännisch, und außerdem ist es kein gutes Englisch. „Halte den Sarg bereit, bevor du stirbst", soll es bedeuten. „Das habe ich im Gefängnis in Taiping selbst gemacht", sagt der Inder. „Die Tinte stellte ich mir aus Asche und Wasser her. Mit einer Nadel piekte ich mir die Buchstaben unter die Haut. Das tat ganz schön weh."

Er hat sich mittlerweile gut, eher zu gut eingelebt. Qui handelt im Hospital mit Heroin und benutzt Imba und Leong als seine Laufburschen. Sie checken die Deals an, bekommen dafür ihre Kommission, allerdings tragen sie auch das Risiko.

Vorgestern morgen verstarb einer der Roche-Süchtigen. Er war erst 32. Als ich erwachte, war sein Gesicht schon ganz gelb, er lag nur zwei Meter von meinem Bett entfernt. Eineinhalb Tage vorher wurde er hier eingewiesen und nahm seitdem keine Nahrung zu sich. Er lag nur auf dem Boden und sah teilnahmslos an die Decke. Es wunderte mich, daß die Ratten die Leiche noch nicht angeknabbert hatten. Gerade in der Nacht zuvor fing ich mit Leong ein fettes Nagetier, ein anderer schlug es tot. Diese Viecher gibt es hier dutzendweise, einige kommen auch nachts durch ein kleines Loch herein.

Unter dem anderen Bett schläft ein Malaye. Bei dem ist eine Schraube locker. Die Beruhigungstabletten, die er bekommt, sind so stark, daß er fast ständig schläft und nur zu den Essenszeiten wach wird. Sein Fall: Er soll einen Polizeiwagen gestohlen haben, und als ihm der Sprit ausging, fuhr er zur Polizeistation und fragte, ob man den Tank wieder auffüllen könnte.

Ein 19jähriger Malaye liegt auf einer Matratze. Er trägt seinen Arm in Gips. Er fiel beim Früchteklauen vom Baum, brach sich den Arm und wurde von der Polizei aufgegriffen. Er wurde zu einem Monat verurteilt.

Bob ist frei

4. September 1985

Es gibt eine freudige Überraschung!!! Bob ist frei! Heute fand seine Berufung vor dem Bundesgerichtshof in Kuala Lumpur statt. Dort sitzen drei Richter, die sich bei einer Verurteilung einig sein müssen, und anscheinend waren sie es heute nicht. Bob ist frei! Hurra! Ich gönne es ihm wirklich von ganzem Herzen.

Betty ist ein Jesus Freak

18. September 1985

Ich bin seit einem Monat im Hospital, anscheinend kann ich mit Johnnys Hilfe noch länger hierbleiben. Ich genieße die Zeit, denn ich fühle mich wesentlich freier als zuvor. Mit Imba, Leong und den Assistenten und sogar mit dem Wärter Halim verstehe ich mich ausgezeichnet. Jeden Tag ist hier was los, denn ich lasse mir oft etwas Neues einfallen. Ab und zu machen wir Kuchen, oder wir benutzen den Kühlschrank in der Klinik für kühle Getränke, Eis, Bananenmilch oder Pudding. Einige Zutaten habe ich mir von meiner Mutter aus Deutschland schicken lassen. Manchmal sendet sie mir ein Päckchen, und alle zwei Wochen bekomme ich einen Brief von zu Hause. Darauf freue ich mich sehr.
Letzte Woche hätte ich eigentlich schon in die Gefängniszelle zurückgehen müssen. Aber genau an diesem Tag bekam ich wieder diese blöden Pickel an meinem Fuß, und mein Aufenthalt wurde verlängert.

Seit fünf Tagen lerne ich die chinesische Sprache Mandarin. Der alte Chinese Chee Tian Peng bot sich als Lehrer an, Eng Seng dient uns als Übersetzer, weil der Alte kein Englisch spricht.
Gestern abend gegen elf Uhr verstarb der 38jährige See Ah Ngoh. Er wurde vor fünf Tagen vom Krankenhaus in das Gefängnishospital geschickt, obwohl er nur aus Haut und Knochen bestand. Der Arzt hatte ihn mit Opium erwischt. Mr. Lee hätte ihn am liebsten zurückgeschickt, weil der Chinese so heruntergekommen war, aber er ist nur Sanitäter und muß die Anweisungen des Arztes respektieren.
Jetzt ist Ngoh tot, und Mr. Lee hat die ganzen Schwierigkeiten. Die Polizei kam noch am gleichen Abend, sie sahen sich den Toten an und ließen ihn dann noch bis zum nächsten Morgen liegen. Ich konnte diese Nacht schlecht schlafen, weil das Licht brannte, um die Ratten zu vertreiben. Der Tote lag nur drei Schritte von meinem Bett entfernt.
Betty besucht mich seit einiger Zeit mit ihrer Freundin Saro, einer Inderin. Von seiten der Gefangenen gesellen sich Stanley, Johnny und Derrick zu uns. Die Gespräche fangen an, mir Spaß zu machen. Ich dachte immer, Betty sei ein Jesus Freak. Eigentlich ist sie auch einer, aber ich fange an, diese Frau für das, was sie sagt und *tut*, zu respektieren. Sie versteht es, ihren Glauben in die Tat umzusetzen, und ist sich dabei der Konsequenzen voll bewußt. Sie steht ein für das, wovon sie überzeugt ist. Betty spricht nicht nur von der Liebe, sondern sie gibt diese Liebe auch an andere weiter. Letzte Woche fragte sie mich, ob ich Jesus schon mein Leben anvertraut hätte. Ich sagte: „Ja." Es war eine Lüge. Vielleicht sagte ich das so, um ihr eine Freude zu machen für die Mühe, die sie sich gibt. Vielleicht sagte ich es aber auch, weil ich kein gutes Argument gefunden hätte, warum ich es noch nicht getan habe. Das Neue Testament verstehe ich schon etwas besser. Oft sitze ich mit meinem Freund Johnny

bis spät in die Nacht auf der Fensterbank und rede mit ihm über Gott, über Jesus Christus und über den Sinn des Lebens. Johnny ist sehr intelligent, auch er ist überzeugter Christ und kennt sich in der Bibel sehr gut aus. Was mich stört, ist, daß er Christus so sehr in den Mittelpunkt stellt. „Jesus war ein Mensch, und er war gleichzeitig Gott. Jesus Christus ist Gottes Sohn." Bei diesen Sprüchen wird mir mulmig.

„Du, Johnny, mir fällt es schwer, daran zu glauben. Du sprichst von Gottes Sohn. Warum sollte Gott denn einen Sohn haben? Wenn das so ist, dann hat er vielleicht auch noch Enkel und Onkel und Tanten. Nee, nee, nee ... Gott ist einmalig, es gibt nur einen Gott!" – „Ich verstehe schon, was du meinst, Frank", antwortete Johnny, „aber ich glaube auch nur an einen Gott. Jesus Christus, Gott den Vater und den Heiligen Geist kann man nicht voneinander trennen. Sie sind ein Gott." Draußen ging ein Sergeant vorbei. „Nehmen wir diesen Sergeanten zum Beispiel. Er ist Sergeant, Ehemann und Vater in einer Person. Er spielt mindestens drei Rollen, denn mit seinen Kindern geht er bestimmt anders um als mit uns, und mit seiner Frau redet er anders als mit seinen Arbeitskollegen. Ich glaube, mit dem dreieinigen Gott muß das irgendwie ähnlich sein. Ähnlich! Nicht genauso, denn ganz genau kann das wohl kein Mensch verstehen." Ich fragte: „Was ist denn deiner Meinung nach der große Unterschied zwischen dem Christentum und allen anderen Religionen?" – „Der Unterschied ist, daß das Christentum überhaupt keine Religion ist. Denn Religion ist, wenn Menschen versuchen, sich durch gute Werke aus eigener Kraft zu Gott emporzuarbeiten. Das geht aber nicht. Wir machen viel zu viele Fehler, außerdem kann man sich den Himmel nicht erarbeiten. Und gerade weil das unmöglich ist, kam Gott zu uns in Jesus von Nazaret und bietet uns auf diesem Wege eine Beziehung an."

Wenn ich mir das jetzt, während ich diese Dinge aufschreibe, noch einmal überlege, muß ich zugeben, daß

ich zu meinem Gott, für den ich keinen Namen habe, auch keine Beziehung habe. Vielleicht ist das der springende Punkt: kein Name – keine Beziehung. Aber andererseits ist mir Gott für einen Namen zu erhaben. Gerade weil er einmalig ist, braucht Gott keinen Namen. Wir Menschen müssen uns nun mal Namen geben, weil wir uns sonst nicht voneinander unterscheiden können.
Ich stelle gerade fest, daß ich immer wieder bereit bin, meine Gedanken zu diesem Thema aufzuschreiben. Jeden Tag passieren so viele Dinge; es würde den Rahmen sprengen, dies alles zu beschreiben. Aber warum beschäftigen mich ausgerechnet diese Fragen so sehr? Ob bewußt oder unbewußt, gewollt oder ungewollt, dieses Thema, die Frage nach Gott oder die nach dem Sinn des Lebens läßt mich nicht mehr los.
Leong saß gestern neben meinem Bett und sagte: „Guck mal!" – „Was machst du denn da?!" Er legte sich seelenruhig ein Stück Glas auf die Zunge und verschluckte es. Das gleiche machte er mit zwei weiteren Stückchen. „Bist du denn verrückt? Was soll das denn?" – „Ich habe Lust, meine Freundin zu sehen. Draußen im Krankenhaus kann sie mich jeden Tag besuchen, hier ist es erst in zwei Wochen wieder soweit." Das ist typisch Leong. Trotzdem kann ich seine Handlungsweise nicht verstehen, erst recht nicht, seitdem er im April dieses Jahres zu nur fünf Jahren verurteilt wurde und nach Abzug seiner Untersuchungshaft in zwei Monaten schon entlassen wird. Eigentlich hätten Leong und seine Freunde mit einer wesentlich höheren Haftstrafe in der Berufung rechnen müssen, aber selbst diese Jahre wären leichter gewesen, als bis zum Lebensende im Gefängnis zu sitzen. Diese Strafe wurde hier in Penang erst dreimal vergeben.
Heute morgen mußten wir uns, wie jeden Tag, in Fünferreihen hinsetzen zum Zählen. Um 7 Uhr, gleich zum Dienstantritt, kam Mr. Dorai vom Kumpulan zu uns und pickte sich einen Chinesen, der in der Nacht eingeliefert wurde, heraus. Er sprach mit ihm englisch, so

konnte ich alles verstehen. „Was hast du heute Nacht zu dem Wärter gesagt?" – „Nichts." Der Chinese machte einen verängstigten Eindruck, sicherlich kannte er Dorai und wußte, was er zu erwarten hatte. „Steh auf, wenn du mit mir sprichst." Pang! Der dicke Inder schlug dem Chinesen ins Gesicht. Pang! Pang! Noch eine. Und noch eine. Der Kleine winselte wie ein Hund und hielt sich schützend die Arme über den Kopf. „Ich habe doch nur ..." – „Was ist hier los?" fragte ein Zwei-Sterne-Officer. Er hatte eine Latte in der Hand. „Er sprach schlecht über den Wärter der ersten Nachtschicht, weil dieser ihn nicht ins Hospital schicken wollte", sagte Dorai. „Ich war so krank, Mr., ich hatte Bauchschmerzen ..." Pang! Der Officer schlug dem Chinesen auf die Schulter. Pang! Pang! Jetzt drückte Mr. Dorai den Oberkörper des Jungen nach unten, und der Officer schlug mit der Latte zu. „Willst du dich beschweren? Steh auf, du Scheißkerl. Beschwer' dich", sagte Dorai. Tuan Haji Ahmad kam gerade mit der Liste. „Tuan. Entschuldigung, Tuan, ich glaube, hier gibt es ein Mißverständnis. Bitte klären Sie es auf ... ich ..." – „Was gibt es denn?" Der Officer ließ den Jungen nicht zu Wort kommen, er erklärte die Sache auf malayisch. Und so wurde der Chinese noch einmal von Tuan Haji Ahmad zusammengetreten.

Warum habe ich diesen Schritt getan?

5. Oktober 1985

Mr. Lee wollte mich schon einige Male entlassen, aber immer wieder ist etwas dazwischengekommen, und so bin ich jetzt noch im Hospital. Trotzdem verstehe ich

mich ganz toll mit diesem Sanitäter, er trägt mir den heftigen Streit vom Januar in keiner Weise nach.
Ich bin jetzt Christ, denn ich glaube, daß Jesus Christus Gottes Sohn ist. Warum habe ich diesen Schritt getan? Das weiß ich nicht so genau. Johnny hat recht, an diesem Glauben ist irgend etwas Außergewöhnliches. Er könnte das bestimmt wunderschön in Worte fassen, aber ich kann dieses Gefühl, das mich zu dem Glauben an Jesus Christus führte, nicht erklären. In der Offenbarung 3,20 steht: „Ich stehe vor der Tür und klopfe an. Wenn jemand meine Stimme hört und öffnet, werde ich bei ihm einkehren."
Vielleicht ist an dem Klopfen etwas Wahres dran. Gehört habe ich zwar nichts, aber habe es vielleicht doch wahrgenommen. Auf jeden Fall werde ich weiterhin zu Jesus beten. Heute abend tat ich es zum ersten Mal gemeinsam mit meinem Bruder Johnny. Das war total ungewohnt, als ich die eigene Stimme im Gebet hörte, aber ich bekam so eine Ahnung, wie man ganz locker mit Gott sprechen kann – wie mit einem Freund. Klar – Betty und Saro beten auch jede Woche, aber jedesmal, wenn ich an der Reihe gewesen wäre, drückte ich mich. Ich hatte Angst, etwas Falsches zu sagen.
Aus Halle C wurden inzwischen zwei Fälle vor Gericht gebracht. Mad Dog und sein Bruder wurden zu sechs und sieben Jahren verurteilt. Sie erschlugen einen Busfahrer, weil er ihren Lastwagen beim Überholen geschnitten hatte. Der kleine Pau Pau, seinen richtigen Namen kenne ich nicht, wurde zum Tode verurteilt, weil man ihn mit zwei oder drei Pistolen erwischte. Er wurde unter ISA, dem Gesetz zum Schutz der Landessicherheit, angeklagt. Man sagt, er hätte kaum eine Chance, die Berufung zu gewinnen. Wir konnten ihn gut leiden, Pau Pau war ein sehr lebenslustiger Kerl.
Mit dem Wärter Halim verstehe ich mich immer besser. Er ist einer der fleißigsten im ganzen Gefängnis, und doch nimmt er sich noch Zeit für die Gefangenen. Er ist

verantwortlich für das Hospital, und er fühlt sich auch verantwortlich, im Gegensatz zu vielen anderen. Halim scheint mich gut leiden zu können. Ein paarmal hat er mir schon angeboten, mich an ihn zu wenden, wenn ich Hilfe brauche. Frau Klose besucht mich fast regelmäßig alle drei Wochen. Ich freue mich immer wahnsinnig auf ihre Besuche. Wir haben uns im Laufe der Zeit richtig gut angefreundet und unterhalten uns recht locker. Sie ist ein sehr hilfsbereiter Mensch, aber ich habe nicht das Gefühl, daß sie mich nur besucht, weil sie sich verpflichtet fühlt. Sie darf mich nicht nur im Office besuchen, sondern mir auch alle möglichen Konserven mitbringen. Sie kümmert sich um alles, was ich brauche, und liest mir fast jeden Wunsch vom Gesicht ab. Sie kümmert sich um meine Post, um mein Geld, und sie ist ständig in Verbindung mit Rajasingam und mit meiner Mutter. Meine Mutter ist froh, daß es Frau Klose gibt. Wen könnte sie sonst anrufen, wenn sie beunruhigt ist und sich Sorgen macht?

Donnerstag ist Prügeltag

12. Oktober 1985

Heute ist Samstag. Gerade heute morgen erhielt ich wieder Besuch von Frau Klose. Ihr Mann war dieses Mal dabei. Sie brachten mir ein Handtuch, ein T-Shirt, ein Glas Nutella und ein Glas Honig mit. Es sind die vielen Kleinigkeiten, die man hier zu schätzen lernt, weil sie nicht selbstverständlich sind.

Während meiner Abwesenheit machten die Officers einen Überraschungscheck in der Klinik. Sie hatten Informationen, sonst hätten sie da nie gesucht. Wir haben den

Inder Balakrishnan in Verdacht. Er ist selbst abhängig, bekam aber von dem Dope der anderen nichts ab. So hat er sich auf diese Weise revanchiert.
Die Officers hatten Erfolg, großen sogar. Sie fanden 40 Tips Heroin, also zwischen fünf und zehn Gramm, was für Gefängnisverhältnisse ungewöhnlich viel ist. Als ich von meinem Besuch zurückkam, war es im Hospital sehr ruhig. Einige Leute fehlten. Gleich darauf erfuhr ich, daß der Tuan kurzen Prozeß gemacht hatte. Jeder, der von dem Wärter Halim verdächtigt wurde, in diese Sache verwickelt zu sein, wurde zurück in die Halle geschickt. Darunter waren natürlich Leong, Imba Raja, Eng Seng, mein Übersetzer, Qui, der Dealer, und Ah Jong. Ah Jong wurde ins Tutop eingeliefert, denn er hatte das Zeug für Qui in der Klinik aufbewahrt. Er arbeitete dort als Assistent. Wie konnte Ah Jong nur so dumm sein? Ich weiß nicht, was Qui ihm dafür gegeben hat, ein paar Zigaretten vielleicht. Wenn er Heroin geraucht hätte, wäre mir das schon irgendwann aufgefallen. Armer Ah Jong, bei dieser Menge kommt er nicht mit den üblichen vier bis sechs Wochen Tutop davon.
Ich ging zu Johnny: „Du, sag mal, es wundert mich eigentlich, daß ich nicht zurückgeschickt wurde. Ich hatte zwar mit der Sache nichts zu tun, aber du kennst ja den Boß. Wenn es Ärger gibt, dann werden keine Fragen gestellt." Ich weiß, daß die Leute aus Halle C aus Sicherheitsgründen nicht länger als unbedingt nötig im Hospital bleiben sollten. Bei mir drückte man ein Auge zu, aber das konnte nur so lange gutgehen, wie es keinen Ärger gab.
„Du scheinst einen sehr guten Freund zu haben, Frank", antwortete Johnny. Ich hatte das Gefühl, daß er dies zweideutig meinte. Erst heute abend erzählte mir mein Chinesenfreund die Geschichte. Natürlich hatte sich der Tuan auch nach mir erkundigt. „Was ist denn mit dem Deutschen los?" hatte er gefragt, „der ist schon ganz schön lange im Hospital!" – „Das ist wahr", erwiderte

Halim, „aber ich kann ihnen versichern, daß er keine krummen Dinge dreht. Er liest immer nur seine Bücher. Für den Deutschen lege ich meine Hand ins Feuer." – „Na wenn das so ist, dann kann er dableiben", gab Tuan Yahaya zur Antwort. Ausgerechnet Yahaya, das ist unglaublich, denn er ist der strengste von allen.
„Ich glaube, du solltest Gott dafür danken", sagte mein Freund. „Ja, Johnny, das denke ich auch."
Leong war der erste, der zurückgebracht wurde. Er ließ sich natürlich tragen, denn er spielte den Schwerverletzten. Am Bauch sah man etwas verschmiertes Blut, bei genauerem Hinsehen konnte man erkennen, daß das alles nur halb so wild war.
Bei Imba Raja sieht das alles schlimmer aus. Er kam vor wenigen Minuten, also eine halbe Stunde nach Leong. Sein Shirt und sein Gesicht sind voll Blut. Es läuft ihm über das Kinn und tropft ihm auf die Brust. Und immer wenn er hustet, quillt wieder etwas Blut aus seinem Mund. Es sieht echt erschreckend aus, und ich würde Mitleid mit ihm haben, wenn ich ihn nicht so gut kennen würde und nicht wüßte, wo dieses ganze Blut herkommt. Imba hatte sich mit einem scharfen Gegenstand in die Zunge geschnitten, verschmierte sich dann das Gesicht mit Blut, was bei seiner dunklen Hautfarbe wenig zur Geltung kommt.
Leong kam eben zu mir und nahm sich die kleine Rasierklinge, die er mir mal geschenkt hatte, aus dem Versteck. „Hey, Leong", sagte ich, „was willst du denn damit machen?" – „Ich muß mir den Bauch noch etwas aufritzen, ich glaube, es sieht nicht schlimm genug aus." – „Mensch, Leong, mach doch keinen Scheiß, das bringt dir doch nichts. Die lassen dich sowieso nicht hier, nach dem Ärger." – „Laß mich nur machen, Frank." Leong verschwand und ging auf die Toilette. Jetzt ist er wieder da. Ich kann zwei weitere Wunden erkennen, aber richtig nazuzuschneiden hatte er sich wohl doch nicht getraut. Natürlich hatte der verantwortliche Officer sofort Mr. Lee

verständigt, aber dem scheinen die beiden keine Sorgen zu machen. Der Sanitäter arbeitet seit 15 Jahren im Gefängnis, er weiß genau, was los ist.
Irgendwie kann ich Leong und Imba Raja ganz gut leiden, trotz des Ärgers, den sie ständig machen, und trotz ihrer Sucht. Es ist immer was los, die Zeit geht somit schneller um. Abends haben wir oft zusammen trainiert. Wir waren zeitweise acht Personen. Ich spielte den Trainer und machte Gymnastikübungen vor. Manchmal hatten die anderen auch keine Lust, was mich nicht davon abhielt, mein Trainingsprogramm durchzuziehen. Ich renne auf einer Stelle, mache Lockerungsübungen und benutze zwei Eimer Wasser zum Gewichtheben.
Letztens bemerkte einer der Chinesen: „Warum tut er das? Der ist doch unter 39 B angeklagt."
Der Wärter, den wir Tembakau Out nennen, verlor vor wenigen Tagen bei einem Autounfall ein Auge und brach sich den Arm. Vielleicht war dies die Antwort auf die vielen Flüche von Hunderten von Gefangenen, denen er täglich das Leben schwermachte. Früher soll es ähnliche Vorfälle gegeben haben. Ein Sergeant, der den übelsten Ruf im Gefängnis hatte und nebenbei noch die Stockschläge ausführte, verlor plötzlich seine zwei Kinder. Ein brutaler Corporal bekam einen Schlaganfall und hinkt seitdem auf einem Bein.
Rotan – so nennt man in Malaysia ein Bambusrohr. Drüben in einer Werkstatt werden aus unterschiedlich dicken Rohren Stühle, Tische und Regale hergestellt. Stanley arbeitet dort, seitdem er verurteilt ist.
Dieser Rotan wird aber noch für etwas anderes gebraucht. Das malaysische Strafmaß gibt dem Richter die Möglichkeit, Menschen mit Rotanschlägen zu bestrafen. Seitdem die Richter bei der Ausführung einer solchen Strafe selbst einmal anwesend sein mußten, wird die Höchststrafe von 14 Schlägen, früher waren es sogar 24, nur noch selten verhängt. Donnerstag alle drei Wochen ist Prügeltag. Die etwa daumendicken Rotanstöcke wer-

den am Tag zuvor in Wasser eingeweicht. Es gibt drei Wärter, die abwechselnd diese grausame Aufgabe übernehmen und dafür einen Dollar pro Schlag erhalten. Der Verurteilte wird über einen Bock gespannt, die Schläge bekommt er auf den Hintern. Bei jedem Schlag muß die Haut aufplatzen, was sehr schmerzhaft ist. Auf diese Weise komme ich mit Kevin und Jeffrey zusammen. Das Ganze findet nämlich im Asingan statt. Weil bei der Ausführung außer dem Arzt und dem Tuan niemand dabeisein darf, werden die beiden Australier aus ihren Zellen geführt. Sie sind dann für eine knappe Stunde im Hospital. Zwar werden sie von zwei Wärtern beobachtet, aber ich kann mich mit den beiden unterhalten. Beide hegen die Hoffnung, in der Berufung irgendwie freizukommen. Natürlich auf Kosten des anderen. Ich habe da so meine Bedenken, die ich aber nicht ausspreche. Das Todesurteil bleibt bestimmt vorerst bestehen, aber man wird sie wohl doch zu 20 Jahren begnadigen.
Aus dem Asingan vernehme ich dumpfe Geräusche. Das ist immer so. Vielleicht sollen wir die Schreie nicht hören.

Ich bin Checker im Hospital

8. November 1985

Nachdem die anderen zurückgeschickt wurden, bin ich der Checker im Hospital. Dabei übernehme ich kleinere Tätigkeiten, ich hole zweimal am Tag das heiße Wasser aus der Küche, ich helfe die Wassertanks auffüllen und sehe zu, daß Bad und Toilette saubergehalten werden. Ich bin also dafür verantwortlich, daß alles in Ordnung gehalten wird, daß nachts Ruhe herrscht, und ich muß ab

und zu kleinere oder größere Streitigkeiten schlichten. Sechsmal am Tag muß ich dafür sorgen, daß sich die Gefangenen in Fünferreihen auf den Boden setzen. Sie werden dann von mir und einem Wärter gezählt, und ich melde dann die genaue Zahl später dem Tuan: „Selamat Pagi Tuan, Master Rumah Sakit dua puloh lima Banduan" (Guten Morgen Boß, die Zahl der Gefangenen im Hospital ist 25). – „Baik" (gut), ist die Antwort.
Ich habe jetzt einen ganz tollen Kontakt zu vielen Wärtern und Officern. Das Verhältnis zu den Gefangenen ist auch gut. Dabei sollte es gerade für mich nicht einfach sein, mit ihnen umzugehen. Ich muß sie so behandeln, daß sie mich als den Checker, aber auch als Freund respektieren. Der Wärter Halim ist mittlerweile ein guter Freund von mir. Er hört auf meine Vorschläge und gibt mir viele Freiheiten. Trotzdem muß ich mich manchmal auf die Seite der Gefangenen stellen. Sie sollen merken, daß ich mich für sie einsetze und zu ihnen halte und nicht nur auf der Seite der Uniformierten stehe. Das gelingt mir nicht immer, denn für einige gibt es nur zwei Kategorien, die Wärter oder die Gefangenen, entweder hier oder dort. Früher habe ich das auch so gesehen, aber jetzt betrachte ich die Wärter nicht mehr als meine Feinde, denn ich habe festgestellt, daß es auch Menschen sind. Gleich am Eingang gibt es eine große schwarze Tafel, wo ich die Zahl der Patienten eintragen muß. Andere Tätigkeiten, wie zum Beispiel das Verteilen der Reisrationen, der Bananen, des Zuckers und des Brotes, übertrage ich auf andere.
Mir gefällt dieser Job. Zunächst ist jetzt die Wahrscheinlichkeit größer, hierbleiben zu können, die Zeit geht schneller vorbei, und ich habe das Gefühl, gebraucht zu werden. Ich erinnere mich, wie ich vor eineinhalb Jahren mit meinen Zellengenossen in 199 den Boden saubermachte. Meine Aufgabe war es, die schweren Wasserkanister die Eisentreppe hochzutragen und das schmutzige Wasser wieder nach draußen zu befördern. Mensch, war das ein tolles Gefühl. Endlich wurde ich wieder für

etwas gebraucht, ich kam mir plötzlich nicht mehr nutzlos vor. Man rief: „Hey Frank, wir brauchen noch mehr Wasser“, oder: „Kannst du uns noch eine Bürste holen?“ Wenn man von niemandem gebraucht wird und sich nur abgeschoben fühlt, dann fällt das Selbstwertgefühl.
Um meinen Aufenthalt noch mehr zu festigen, bin ich seit zwei Wochen Friseur und Barbier. Mein indischer Freund Kuppu hatte es mir innerhalb einer halben Stunde beigebracht. Zu Hause könnte ich mit meinen Fähigkeiten bestimmt kein Geld verdienen, aber für diese Verhältnisse reicht es aus. Meistens gebe ich den Häftlingen einen Bürstenhaarschnitt, das ist am einfachsten. Beschweren darf man sich nicht.
Schon wieder wurden zwei Chinesen zum Tode verurteilt. Yeap Teong Yeng, mit dem ich 1984 zusammen in einer Zelle war, und Teoh Hoh Cye waren 1981 mit zehn Pfund Heroin in dem Raja Sayang Hotel erwischt worden.
Spätabends, wenn das Licht aus ist und ich noch nicht müde bin, unterhalte ich mich gerne mit den anderen. Meine malaysischen Sprachkenntnisse werden auch besser, so daß ich auch mal in der Landessprache eine Unterhaltung führen kann. Der querschnittsgelähmte Baby, ein 35jähriger Chinese, erzählt mir von den vielen Geistern, die hier anscheinend nachts ihr Unwesen treiben. Unser 80jähriger Ah Pe wäre schon einige Male von unsichtbarer Hand wachgeschüttelt worden, Baby selbst sah eine fürchterliche Gestalt mit strähnigen Haaren und langen Fingernägeln. Er erzählte mir von der Wärterin, die oftmals von einer Hand ohne Körper geschlagen wurde. Sie wechselte ihre Arbeitsstelle. Der Chinese kennt auch den Grund für die nächtlichen Störungen: „Sie trug die Nummer 222, und das ist eine Unglückszahl.“ Der alte Chee Tian Peng, der mir Chinesischunterricht erteilte, mischt sich dann auch noch in die Unterhaltung ein. „Ich habe vor wenigen Tagen einen Geist gesehen. Ein Riesenkerl. Er kam da vorne

rein und verschwand plötzlich durch die Gitterstäbe da hinten."

Auch drüben in Halle C sollen Wärter das Weinen eines kleinen Mädchens vernommen haben. Einer hatte es sogar gesehen. Es saß oben auf den Treppenstufen.

Vor vielen Jahren traute sich kaum ein Wärter auf Nachtschicht in Halle C, dort soll es ganz gewaltig gespukt haben. In Halle B gibt es eine unbesetzte Zelle, obwohl die restlichen fast alle mit sieben Personen besetzt sind. Da traut sich niemand rein. Schon oft hätten Gefangene angefangen zu schreien, nachdem eine Stimme sie im Dunkeln nach Feuer gefragt hätte und sie plötzlich von einer haarigen Hand gepackt wurden.

Tan Fook konnte eines Nachts einen Gehängten an der Decke sehen. Die Gestalt löste sich allerdings im nächsten Moment in Luft auf. Corporal Singh hatte ihm am nächsten Tag erklärt, daß in dieser Zelle vor Jahren jemand Selbstmord verübt hatte. „Komisch", bemerkte ich zu Baby, „ich bin jetzt schon so lange hier, und mir ist noch kein Geist begegnet." – „Ja klar, die trauen sich nicht an dich heran. Du rauchst nicht, du fluchst nicht, du liest die Bibel und betest jeden Abend. Kein Geist wird es wagen, dich zu ärgern. Sie würden sich dabei mit Gott anlegen, und der ist stärker, das wissen sie."

Mit den drei Hospital-Assistenten Johnny, Robert und Raymond setze ich mich an jedem dritten Abend zu einem Bibeltreff zusammen. Wir suchen uns irgendein Thema aus und diskutieren darüber. Zum Schluß beten wir abwechselnd für unsere Freunde, Familien, für Kevin und Jeffrey, für die Patienten im Hospital und sogar für einzelne Wärter. Wir danken dem Herrn für die wunderbare Erleichterung, im Hospital leben zu dürfen, von den Missionarinnen Besuch zu erhalten, für die Betten, die Matratzen, das weiße Bettzeug, und wir danken für das fließende Wasser und für die vielen Freiheiten, die wir aufgrund unserer Tätigkeit als Assistenten und Checker bekommen. Ganz besonders dankbar sind wir Jesus für

das Essen. Johnny hat die Erlaubnis vom Tuan, jeden Tag in die Küche zu gehen und zu kochen.
Gestern abend haben wir für die Freilassung Ah Jongs aus dem Tutop gebetet. „Herr Jesus Christus, unser Freund Ah Jong ist im Tutop. Du kennst ihn und du weißt, warum er dort ist, Herr. Er hat einen Fehler gemacht, eine große Dummheit, aber dafür sollte man ihn nicht so hart bestrafen. Wenn es dein Wille ist, Herr Jesus Christus, sollte man ihm eine Chance geben und ihn von diesen harten Haftbedingungen befreien. Danke Herr, Amen."
Es war Robert, der die Worte hinzufügte: „Herr, in deinem Wort steht geschrieben: ‚Alles, was zwei von euch auf Erden gemeinsam erbitten, werden sie von meinem himmlischen Vater erhalten. Denn wo zwei oder drei in meinem Namen versammelt sind, da bin ich mitten unter ihnen.' Wir sind heute abend in deinem Namen zusammengekommen und bitten dich, unserem Freund Ah Jong gnädig zu sein. Amen."
Heute wurde einer der Cookies ins Tutop geschickt. Daß so einer ins Tutop kommt, ist eigentlich an der Tagesordnung. Sie machen die meisten Geschäfte mit Fleisch, Gewürzen, Zwiebeln und Zucker, das sie gegen Dope eintauschen. Der Grund heute war allerdings ein anderer. Dieser Cookie schnitzte aus einer Gurke einen Penis, versteckte das Ding in einer Ration und schickte es mit den anderen Rationen rüber ins Frauengefängnis. Anscheinend verstand die Gefangene, die diese Gurke in ihrer Ration fand, überhaupt keinen Spaß, denn sie meldete es der Aufseherin.

„Es ist ein Wunder"

11. November 1985

Eben kam Johnny vom Office zurück. Als Chef-Assistent hat er dort täglich zu tun. „Weißt du was, Frank?" Johnny schien sich über irgend etwas zu freuen. „Nein, ich weiß nichts. Was sollte ich denn wissen, sag doch schon." Dann kam die freudige Überraschung: „Ah Jong wurde heute aus dem Tutop entlassen." – „Er ist raus? Wirklich raus? Mensch Johnny, unser Gebet wurde erhört. Praise the Lord. Preise den Herrn!" – „Ja, Frank. Praise the Lord. Normalerweise hätte er bis zum Ende seiner Haftzeit im Tutop bleiben müssen. Es ist ein Wunder."

Warum geht das nicht alles schneller?

16. Dezember 1985

Das Todesurteil gegen Kevin John Barlow und Brian Jeffrey Chambers wurde heute morgen im Bundesgerichtshof in Kuala Lumpur bestätigt. Wie groß sind ihre Chancen, begnadigt zu werden? Ich weiß es nicht. Mir ist jetzt doch etwas mulmig. Es war ein seltsames Gefühl, als ich den Urteilsspruch hörte, selbst wenn ich vorher schon wußte, wie das Urteil ausfällt. Mir wird dadurch um so mehr bewußt, wie ernst meine eigene Lage ist. Dieses Urteil in der höchsten Instanz dieses Landes hat etwas Endgültiges. Ich weiß, daß die beiden immer noch begnadigt werden können, aber sicher bin ich mir dessen nicht mehr. Verdammt, warum müssen

die uns so lange warten lassen? Warum geht das nicht alles schneller?
Johnny wurde am 23. November entlassen. Er war mehr als nur ein guter Kumpel, er war mein Bruder, mein Freund. Hoffentlich schafft er es, sein Leben wieder in Ordnung zu bringen. Seine Frau ließ sich damals von ihm scheiden, nachdem sie erfahren hatte, daß er wegen Betrugs von über 100 000 Dollar angeklagt und verurteilt worden war.
Der 63jährige Maydin ist seit zehn Tagen wieder vom Krankenhaus zurück. Sein rechtes Bein wurde amputiert. Wir nennen ihn King of Kings, Raja oder Argon, denn er ist der König des Ganjas. Sechsundzwanzigmal wurde er wegen Marihuana verhaftet und verbrachte wohl die Hälfte seines Lebens hinter Gittern. „1951 kam ich zum ersten Mal in den Knast, Tuan." Er nennt mich Tuan, weil ich der Checker bin. „Da war ich 29 Jahre alt." Er erzählt mir dann noch, daß er früher eine Lizenz hatte, die ihm erlaubte, zwei Sticks Ganja für den Eigenverbrauch bei sich zu tragen. Maydin hatte natürlich immer mehr dabei.
Drüben in Halle B verübte gestern ein junger Malaye Selbstmord. Wir vermuten, daß er auf der Polizeistation von einem Polizisten Heroin gekauft hat, das er im Hintern ins Gefängnis schmuggelte. Ein Mitgefangener muß ihn dann wohl verraten haben. Man fand das Dope, er wurde von den Officern zusammengeschlagen und ins Tutop gesteckt. Am nächsten Morgen war er tot. Er hatte sich aus seiner Decke einen Strick gedreht und sich daran aufgehängt.
Vor zwei Wochen habe ich meinen Orangenwein destilliert. Ich wartete auf den Tag, an dem ein sehr naiver Wärter Dienst vor dem Hospital hatte. Raymond hatte mir einen kleinen Spirituskocher hereingeschmuggelt. So mußte ich keine Butter nehmen, die Flamme brannte gleichmäßiger, und es gab keine Rauchentwicklung. Eine leere Marmeladenbüchse diente als Kochtopf. Ich

öffnete sie, indem ich den Rand auf dem rauhen Zementboden rieb, so daß der Deckel später genau wieder auf die Büchse paßte. In den Deckel schnitt ich mit einem Büchsenöffner ein kleines Loch, in welches ich zwei aneinandergesetzte leere Zahnpasta-Tuben hineinsteckte. Die Tuben bog ich zu einem Halbbogen, der in einem leeren Glas endete. Es dauerte ziemlich lange, bis ich alles mit Heftpflaster und Watte abgedichtet hatte und endlich mit dem Destillieren anfangen konnte. Nach zwei Stunden ging mir dann der Spiritus aus. In dem Glas befanden sich gerade zwei Fingerhüte voll Alkohol. Ich konnte vorher beobachten, wie das Zeug sehr langsam in das Glas tropfte. Es war ein Teufelszeug. Schon allein der Geruch benebelte meine Sinne. Und der Geschmack. Ich glaube, einen billigen russischen Wodka, gemischt mit etwas Petroleum, könnte man wohl am ehesten damit vergleichen.

Letzte Woche machte Halim einen Check. Er fand dabei die Büchse, den Deckel und die gebogenen Tuben. Abdul mußte ihm natürlich sofort erklären, für was ich das alles gebrauchte. Solche Leute hasse ich wie die Pest. Über zwei Monate lang gab ich ihm einen Teil meiner Ration, nur weil er neben mir liegt. Und seinen Job hat er mir auch zu verdanken.

„Christen dürfen doch nicht lügen?“

12. Februar 1986

Stanley war über das chinesische Neujahr im Hospital. Er war in einen Nagel getreten, und die Wunde mußte ausheilen. Es waren tolle Tage mit Stan, ich freue mich immer, wenn hier ein paar Leute sind, die gut Englisch sprechen und einen Spaß verstehen. Stanley ist in der Zeit seit seiner Verurteilung ein anderer Mensch geworden. Ich habe noch das Bild in lebhafter Erinnerung, als Stan damals in 192 zuerst zu seinem Buddha-Gott betete und danach mein Kreuz nahm und die Bibel aufschlug. Stanley hat vor einigen Monaten seine Entscheidung getroffen. Er ist jetzt Christ. Begeistert sitzt er dabei, wenn wir abends in der Bibel lesen und herauszufinden versuchen, was diese oder jene Stelle für uns persönlich bedeuten kann. Dabei brachte der Chinese aus Hongkong ein Thema auf, mit welchem ich mich schon seit langem beschäftige. Er erzählte, daß er von Lee Kai vor kurzer Zeit angesprochen wurde: „Du Stanley, du bist doch jetzt Christ?" – „Ja." – „Und Christen dürfen doch nicht lügen, stimmt's?" – „Natürlich darf man nicht lügen", antwortete mein Freund. „Beantworte mir noch eine Frage, bitte. Möchtest du die Berufung gewinnen, möchtest du zurück nach Hongkong?" – „Na sicher möchte ich zurück nach Hause, wer will das nicht!" Er merkte die Gefahr zu spät, andererseits hätte er ihr kaum entgehen können. „Wenn du aber deine Verhandlung gewinnen willst, dann mußt du aber doch lügen, denn in Wahrheit bist du ja schuldig, das weißt du viel besser als ich. Aber wenn dir dein neuer Glaube wirklich etwas wert ist, dann kannst du es damit beweisen, indem du die Wahrheit sagst. Bibellesen und beten sind nur so lange gut, wie man auch gleichzeitig bereit ist, diese Dinge in die Tat umzusetzen." Darauf wußte Stanley keine Antwort. Er wollte nicht mehr lügen. Er wollte aber auch nicht noch weitere zehn Jahre hierbleiben oder sogar zum Tod verurteilt werden. „Was würdet ihr tun?" fragte er und sah uns dabei allen ins Gesicht.

Ich sagte: „Diese Entscheidung kann dir niemand abnehmen. Ich würde für so eine Sache nicht die Verantwortung übernehmen wollen. Eines ist klar, wenn man vollkommen auf Gott vertrauen möchte, dann muß man die Wahrheit sagen, egal was dies für Konsequenzen hat.

Wer so entscheidet, der kann bestimmt sehr viele Wunder sehen. Vielleicht bedeutet es aber auch wie in deinem und auch in meinem Fall, daß wir nur noch ein Wunder erleben, und das ist der Friede mit Gott." Ich sagte noch viel mehr an diesem Abend, vielleicht deswegen, um meine eigene Unsicherheit in dieser Sache zu überspielen. Ich möchte nicht nur an Gott glauben, sondern auch auf ihn vertrauen. Um dies zu lernen, muß man in einer außergewöhnlichen Situation sein, aus der man sich mit seinen eigenen Möglichkeiten nicht mehr befreien kann. Erst dann fühlt man, wie sehr man von Gott abhängig ist.
Ich las in einem Buch, daß die Abhängigkeit von Gott die einzige Unabhängigkeit sei. Mir ist allerdings auch bewußt, daß man sich nicht absichtlich in solche Situationen bringen darf, um von Gott zu verlangen, alles wieder ins rechte Lot zu bringen. Man darf Gott nicht testen. Ich weiß, daß ich als Christ viel zu jung und unerfahren bin, um auf all diese Fragen die richtige Antwort zu finden. Mir fällt die Geschichte mit Gideon im Alten Testament ein:
„Inzwischen betete Gideon zu Gott: ‚Gib mir doch ein Zeichen, an dem ich erkennen kann, daß du Israel wirklich durch mich befreien willst! Ich bin gerade dabei, frisch geschorene Wolle auf dem Dreschplatz auszulegen. Laß doch morgen früh den Tau nur auf die Wolle fallen und die Erde ringsum trocken bleiben! Dann weiß ich, daß deine Zusage gilt und du Israel durch mich befreien willst.' Gott erfüllte ihm die Bitte. Als Gideon am nächsten Tag die Wolle ausdrückte, füllte der Tau eine ganze Schale. Wieder betete Gideon zu Gott: ‚Werde nicht zornig über mich, wenn ich dich noch ein einziges Mal um ein Zeichen bitte! Laß doch morgen früh die Wolle trokken bleiben und ringsum auf die Erde Tau fallen.' Auch diese Bitte erfüllte ihm Gott: Am nächsten Morgen war die Wolle trocken, und auf der Erde ringsum lag Tau."
Vielleicht könnte ich Gott auch um ein Zeichen bitten, wie es Gideon tat.

Ich möchte nicht sterben

10. März 1986

Ich habe Gott um ein Zeichen gebeten, es geschah allerdings nichts. Drüben in Halle C kenne ich einen kleinen Chinesen, der sich fast nie im Hospital blicken läßt. Er ist kerngesund, raucht keine Zigaretten und nimmt auch keine Drogen. Medizin nimmt er nur, wenn es unbedingt sein muß. Also bat ich Gott, er möge diesen Jungen am nächsten Tag zur Klinik schicken, wenn es sein Wille ist, daß ich die Wahrheit sprechen soll. Der Chinese kam nicht.

Drei Tage später, es war ein Montag, mußte ich zum Office. Ich hatte ein kleines Neues Testament, welches noch abgestempelt werden mußte. Der Wärter, der mich begleitete, nahm mir das Büchlein aus der Hand und schlug es auf. „Was bedeutet das da?“ fragte er und hielt mir die Bibel unter die Nase. Ich las nur die Überschrift: „Die wahren Kinder Abrahams.“ Damit konnte ich nichts anfangen, so antwortete ich: „Ich weiß es nicht. Lies es doch am besten mal durch.“ Aber er hatte es schon wieder zugeklappt und gab es mir zurück. Als ich nach einer halben Stunde wieder zurückkam, legte ich mich aufs Bett und blätterte in einer christlichen Jugendzeitschrift. Da stand es. In dicken Buchstaben stand auf der einen Seite: Die Wahrheit wird euch frei machen (Joh. 8,32). Das ist doch genau das Thema, mit dem ich mich schon so lange beschäftigte und keine Antwort fand. Ich wollte wissen, was die Bibel zu diesem Thema sagt. Sicherlich würde mir dies bei meinen Überlegungen helfen. Ich schlug die Stelle im Johannesevangelium auf: „Als Jesus das sagte, kamen viele zum Glauben an ihn ... Er sagte ... Dann werdet ihr die Wahrheit erkennen, und die Wahrheit wird euch befreien ... Jesus antwortete ihnen ... Wer die Sünde tut, ist Sklave der Sünde.“ Was soll ich damit

anfangen, das hilft mir auch nicht weiter, dachte ich im ersten Moment, aber dann fiel mir plötzlich die Überschrift ins Auge: Die wahren Kinder Abrahams!
Wieviel Seiten hatte denn diese Bibel? Auf der letzten Seite der Offenbarung stand die Zahl 632. Ich blätterte in den Seiten der Evangelien, der Apostelgeschichte und den Briefen des Apostels Paulus. Dabei fiel mir auf, daß durchschnittlich jede Seite in zwei, manchmal drei Abschnitte unterteilt war, die jeweils eine kleine Überschrift hatten. Die Chance, daß dieser Wärter durch Zufall genau diese Stelle aufgeschlagen hatte und mich auch noch danach fragte, stand also mindestens 1:1 200. Kann das überhaupt Zufall sein oder ist das Gottes Zeichen? Ich glaube, daß Gott mir mit diesem Satz etwas sagen möchte. Die Wahrheit wird euch freimachen, oder – die Wahrheit wird dich freimachen, Frank.
Aber was meint Gott mit der Wahrheit? Wieviel Wahrheit? Zuviel Wahrheit kann oft eine Menge Schaden anrichten. Ist die Wahrheit immer die Wahrheit oder gibt es vielleicht einen Unterschied zwischen Wahrheit und Wahrheit? Ich könnte natürlich vor Gericht erzählen, wie das Haschisch auf meine Reisetasche kam, nach dem „Warum“ würde man danach nicht mehr fragen. Es ist dann sowieso uninteressant, weil dem Richter bei diesen Gesetzen kein Ermessensspielraum bleibt. Wer würde die Frage stellen, wie ich zu dem Haschisch gekommen bin, wenn ich tot bin, und wer würde sie beantworten können? Aber ich möchte ja auf Gott vertrauen, ohne vorher zu wissen, wie sich die Lage entwickelt. Ich bin in einer Zwickmühle. Ich will und will doch nicht. Ich muß mich unbedingt entscheiden. Entweder Gottes Wille, der zunächst Frieden, aber eventuell auch den Tod bedeuten kann, oder Lüge und der damit (hoffentlich) verbundene Freispruch. Ich möchte beides. Ich möchte nicht sterben, aber ich möchte auch nicht mehr lügen.

Tote können sich nicht wehren

25. April 1986

Leong ist wieder hier. Er wurde im November, zwei Tage vor Johnnys Abschied, entlassen und vor zwei Wochen schon wieder bei einem Raubüberfall erwischt. Schon wieder scheint er Glück zu haben. Sein Freund starb auf der Polizeistation, und so kann er einen Großteil der Schuld auf seinen Kumpel schieben. Tote können sich nicht wehren. Abgemagert sieht er aus. Er nahm Roche-Pillen. Vier Monate war er auf der Flucht. „Ich war nur zwei Tage bei meiner Schwester, und da kamen auch schon die Bullen und wollten mich festnehmen und mich auf die Insel zur Sicherheitsverwahrung schicken. Dort hätte ich mindestens zwei Jahre bleiben müssen. Deshalb bin ich aus dem Fenster gesprungen und abgehauen, einen Job konnte ich mir natürlich nicht suchen, und da blieb nichts anderes übrig, um auf diese Weise an Geld ranzukommen." Trotzdem knallte ich ihm eine, denn er hatte mir im November versprochen, nicht mehr wiederzukommen.

Seit Anfang dieses Jahres bekomme ich Besuch von Herrn Janzen. Er ist Missionar und arbeitet als Musiklehrer auf der Dalat-Schule, wo auch Betty beschäftigt ist. Einmal im Monat gibt er mir Bibelunterricht, für mich ist das eine tolle Gelegenheit, über Fragen des christlichen Glaubens zu sprechen. Herr Janzen spricht Deutsch, was sicherlich auch dazu beiträgt, daß wir beide uns so gut verstehen. Auch er meint, es könnte Gottes Wille sein, die Wahrheit zu sagen. Heute abend habe ich meine Entscheidung getroffen, höre mir aber trotzdem gern andere Meinungen an. Ich muß mich mit dieser Sache so gut es geht auseinandersetzen.

Die Mauern haben ihre Macht verloren

28. Mai 1986

Heute ist mein Geburtstag. Betty hat heute morgen Apfelkuchen und Vanilleeis mitgebracht. Ich bin immer noch voll davon. Mittlerweile habe ich ein ausgezeichnetes Verhältnis zu dem Tuan. Schon oft rief er mich in sein Office: „Hey German, komm rein!" Manchmal gibt er mir sogar einen Kaffee aus, ich sitze dann am großen Schreibtisch und beobachte die erstaunten Gesichter der vorbeigehenden Wärter. Vor zwei Wochen stand ich vor dem Office, als Tuan Abdullah und Tuan Kamaruddin sehr hohen Besuch hatten. Es war Datuk Ibrahim, ein Mann mit sehr viel Einfluß, der durch seinen Titel „Datuk" auch noch unterstrichen wird. Bevor das Trio die Treppe zu dem klimatisierten Office hinaufging, blieb der Datuk vor mir stehen. Er sah mich an und meinte: „Wohl ein neues Gesicht. Wo bist du denn her, aus Australien?" – „Ich bin schon seit zweieinhalb Jahren hier, Datuk, und komme aus Deutschland."
„Oh, ein Deutscher ..." Er fragte mich nach meinem Rechtsanwalt und nach meinem Fall und ging dann als erster die Treppe hinauf. Plötzlich blieb er stehen und fragte: „Gibt es irgendein Problem?" – „Nein, bei mir ist alles okay, Datuk." Die beiden anderen waren erleichtert, sie gingen weiter, bis ich plötzlich doch sagte: „Ach so, ich habe doch ein Problem." Die beiden Tuans blieben erschrocken stehen und sahen mich an. Wagt es dieser Deutsche, sich an höchster Stelle zu beschweren, ging es ihnen bestimmt durch den Kopf. „Was hast du für ein Problem?" hörte ich die Stimme des Datuks, der schon fast oben angelangt war. „Ich möchte nach Haus", antwortete ich und konnte fast gleichzeitig sehen, wie die Spannung von den Gesichtern von Tuan Abdullah und Tuan Kamaruddin wich. „Ha, ha, ha", hörte ich sie alle

drei lachen. „Na schön, ich werde für dich beten“, sagte Datuk Ibrahim. Dem guten Verhältnis mit dem Boß habe ich es zu verdanken, daß Betty erlaubt wurde, mir diese Geburtstagsfreude zu machen. Wir sind jetzt mittlerweile fünf Gefangene, die von Betty und anderen Christen regelmäßig Besuch erhalten. Trotzdem blieb von dem Essen noch soviel übrig, daß wir es an andere verteilen mußten.

Der Inder Gurusami hat eine tierische Wut auf mich. Ich erwischte ihn schon zum zweiten Mal beim Hosenklauen und meldete es diesmal dem Wärter Halim. Der fackelte nicht lange, und Gurusami bekam den Knüppel zu spüren. Klar, daß Gurusami fuchsteufelswild war, ich ärgerte ihn auch noch ständig. „Gluck, gluck, gluck, Wangkuli, Wangkuli, gluck, gluck, gluck.“ Man gab ihm den Spitznamen Wangkuli (Truthahn), weil er vor einigen Jahren beim Diebstahl von Truthahneiern ertappt und zu zwei Jahren verurteilt wurde.

Zwei andere erhielten drei Jahre und einige Stockhiebe, weil sie im Gefängnis beim Liebesakt beobachtet wurden.

Vor einigen Tagen las ich von einem fast unglaublichen Urteil in der Zeitung. „Kamaruzaman Manaf, 32, stahl ein Huhn (Wert 8 Dollar). Seine Strafe wurde in der Berufung von sechs Monaten auf vier Jahre erhöht. Dem Gericht wurde berichtet, daß der Angeklagte am 18. Februar um zwei Uhr morgens zwei Hühner stahl. Als er verfolgt wurde, warf er sie weg, und eins lief davon.“

Abdul wurde vor zwei Wochen entlassen. Er war seit Oktober mein Assistent und nahm mir einige Tätigkeiten ab, um die ich mich jetzt kümmern muß, wenn ich keinen Nachfolger für ihn finde. Es macht mir aber auch nichts aus, ganz im Gegenteil, denn ich wurde öfters herausgefordert, Malayisch zu sprechen. Um die Rationen kümmert sich wieder ein anderer, nun teile ich zweimal in der Woche frische Bettücher aus und helfe jeden Dienstag dem Zahnarzt. Es ist eine gute Gelegenheit, aus dem Ge-

bäude herauszukommen und die Sonnenstrahlen auf der Haut zu spüren. Wenn ich außerhalb der Gebäude bin, natürlich immer noch innerhalb der Gefängnismauern, fühle ich mich gleich viel freier.
Die Zahnarztpraxis liegt gleich neben der Klinik. Sie ist sehr bescheiden eingerichtet. Hinten steht ein Schrank mit den Instrumenten, links ein Tisch, rechts ein Wasserbecken und in der Mitte der Stuhl. Gleich morgens um acht Uhr reinige ich den Fußboden, wische mit einem nassen Lappen über die Lamellen der Fenster und überspanne den Stuhlrücken, den Sitz und die Armlehnen mit frisch gewaschenen weißen Tüchern. Draußen hat sich dann schon ein Teil der Gefangenen eingefunden, und ich trage ihre Namen und Nummern in die Karteikarte ein. Es wäre mir sicherlich schwerer gefallen, wenn ich nicht vorher schon ein paarmal bei einer Blutspendeaktion die mir ungewöhnlichen Namen der Inder, Malayen und Chinesen in die Listen eingetragen hätte.
Der Zahnarzt kommt mit drei Assistenten um neun Uhr. Die Gefangenen müssen sich in Zweierreihen auf den Boden setzen. Ich bin froh, daß Halim mir dabei hilft, mir fehlt dazu die Autorität. Die Gefangenen werden dann von mir hereingerufen, oft zwei oder drei auf einmal, damit es schneller geht. Es geht sowieso alles sehr schnell. Die 30 Patienten werden innerhalb von eineinhalb Stunden behandelt, denn hier wird nicht lange gefackelt. Der Bohrer steht nur als Attrappe in der Ecke, die einzigen Werkzeuge sind ein halbes Dutzend Spritzen und einige Zangen. Es wird immer nur gezogen. Zur Belohnung bekomme ich oft einen Eis-Nescafé und ein Stückchen Kuchen.
Am meisten Spaß macht es mir aber, wenn ich ohne Begleitung zur Küche muß oder sogar zum Frauengefängnis, das in 50 m Entfernung gleich hinter der alten Mauer liegt. Manchmal nutze ich die Gelegenheit, um einem Mädchen zuzuzwinkern, und ich kann beobachten, wie ein zartes Lächeln über ihr Gesicht huscht. Auf ähnliche

Weise habe ich Mashuri kennengelernt. Sie ist Malayin, hat lange schwarze Haare, eine tolle Figur und ein Engelsgesicht. Ich hatte noch nie die Möglichkeit, mit ihr zu reden, trotzdem entstand zwischen uns ein sehr eigenartiges Freundschaftsverhältnis. Einmal habe ich ihr einen Brief geschrieben und rübergeschmuggelt. Sie hat bis jetzt noch nicht geantwortet, vielleicht kann sie überhaupt kein Englisch. Der Höhepunkt ist immer, wenn sie freitags Besuch bekommt. Auf dem Weg zu dem Besucherraum muß sie am Hospital vorbei, und wir können Blicke austauschen. Den Wärterinnen ist das natürlich auch schon aufgefallen. Letztens lachte mich eine im Vorbeigehen ganz verschmitzt an und sagte: „Ja, ja, du und die Mashuri, ich weiß schon …" Eddi klopft mir manchmal auf die Schulter: „Na Frank, was würdest du geben, wenn du den Schlüssel zu dem Tor da drüben hättest?" – „Ha, ha, ha, die würden ihn nicht mehr zurücklassen, hi, hi …" – „Ach, ihr Gipsköpfe, ihr seid doch nur neidisch", antworte ich dann.
Ich bin jetzt fast jeden Tag draußen. Oben im Kumpulan, an der Treppe und an der Klinik streiche ich die Geländer, Gitterstäbe und Türen an. Die Zeit vergeht im Nu, viel zu schnell wird es Abend, und ich habe kaum noch Zeit, Bücher zu lesen. Oft wünsche ich mir, daß die Tage mehr Stunden haben sollten. Ich fühle mich nicht mehr gefangen, sondern verspüre mehr und mehr Frieden und Freiheit. Die Mauern stehen zwar immer noch da, sie sind genauso hoch und so dick wie früher, aber ich habe davor keine Angst mehr. Für mich sind diese Mauern nicht mehr die Grenze zwischen Glück und Frieden, Elend und Not. Sie haben ihre schreckliche, furchteinflößende Macht verloren, weil ich erkannt habe, daß Frieden nicht von der äußeren Situation, sondern von einer inneren Einstellung abhängig ist.

Die Todesstrafe kann nicht die Lösung sein

7. Juli 1986

Kevin ist jetzt tot. Jeffrey auch. Sie wurden heute früh um 6 Uhr hingerichtet. Tot. Kevin war 28. Jeffrey 29. Und ich bin 24. Tot. So schnell. So einfach. Einfach? ... Ja, Nein! Einfach war es nicht. Für niemand.

Von dieser Hinrichtung habe ich am Samstag schon erfahren. Goh Gee Peng, der schräg gegenüber in der Todeszelle sitzt, rief es mir zu: „Frank, Frank", rief er, „Jeffrey, Kevin Monday Gantung (hängen)." – „Siapa bagi tahu?" fragte ich (wer hat es dir gesagt?). „Radio, Radio", rief er mir zu.

Ich hätte mir denken können, wie die Sache ausgeht. Jeden Tag konnte man die Statements verschiedener Politiker in den Zeitungen lesen, nachdem die Begnadigungsgesuche der beiden Australier abgelehnt worden waren. Sie waren so unmißverständlich, daß man nur den Schluß ziehen konnte, hier wird kein Auge zugedrückt. Es ist unmenschlich, aber ich weiß, daß man in diesem Land nicht anders handeln konnte.

Seit Jahren schwört der Ministerpräsident, Dr. Mahathir, bei Drogenhändlern hart durchzugreifen. Das Drogenproblem ist der Staatsfeind Nr. 1. Ich glaube nicht daran, daß man es jemals in den Griff kriegen wird, auch nicht mit solch drakonischen Strafen. „Die Todesstrafe erhöht nur die Preise", soll mal ein Richter gesagt haben. Aber was soll diese Regierung tun, die diesem Problem machtlos gegenübersteht? In diesem Land soll es 500 000 bis 1 Million Drogenabhängige geben, bei einer Gesamtbevölkerung von nur 16 Millionen. Ich sehe sie ja selbst, täglich werden 15-20 hier eingeliefert, manche davon müssen die ersten paar Tage im Hospital verbringen, weil sie nur noch aus Haut und Knochen bestehen. Es sind

alles keine üblen Burschen, sie sind zum Teil sogar sehr nett und hilfsbereit. Aber sie sind der Sucht verfallen, und das macht sie zu Außenseitern und zu Outlaws, sie werden gelenkt von der Macht der Drogen, sie tun Dinge, die sie normalerweise nie tun würden. An ihrer Kleidung, ihrem Aussehen, ihrer Gesundheit sind sie nicht mehr interessiert. Was zählt, ist nur noch Dope. Ein Inder versuchte mir das mal so zu erklären: „Wenn du Heroin rauchst, dann gibst du auch gleichzeitig einem Dämon Zutritt in deinen Körper und zu deiner Seele. Du bist dann nicht mehr du selbst. Du hast dann keine Kontrolle mehr über dich und das, was du tust. Du gehörst diesem Dämon, denn er ist weitaus stärker als du."
Ich habe Verständnis für die Schwierigkeiten dieses Landes, aber ich habe kein Verständnis für die Todesstrafe. Die unfaßbare Härte dieser Gesetze drückt etwas von der totalen Hilflosigkeit der Behörden aus. Was sollte man tun? Was könnte man ändern? Ich bin froh, nicht der Premierminister zu sein. Meiner Meinung nach sollte man jedem eine Chance geben. Niemand hat das Recht, einen anderen zu töten. Die Todesstrafe kann nicht die Lösung sein.

Der Presserummel kann nur schaden

12. Juli 1986

Heute ist Samstag. Herr Sing, der neue Generalkonsul, hat mich heute morgen mit seiner Frau besucht. Er sagte mir, daß man über meinen Fall jetzt auch in Deutschland berichtet hat. Scheiße! Ich möchte in meinem Fall keine Publicity, schon meiner Eltern wegen. Außerdem kann der ganze Presserummel nur schaden, wie ich im Fall der beiden Australier gut beobachten konnte. Irgendein Freund hat sogar ein Bild von mir herausgegeben, wer kann das nur gewesen sein? Wenn ich wieder nach Hause komme, bin ich bestimmt bekannt wie ein bunter Hund. „Ist das nicht der mit dem Haschisch in Malaysia?" – werden dann die Leute sagen, wenn sie mich sehen. Ich gehe sowieso nicht zurück nach Deutschland. Vielleicht kann ich in Australien eine Weile bleiben und meine Pläne von damals verwirklichen. Ein Job auf irgendeiner Farm findet man dort immer. Ich habe Angst, nach Hause zu kommen. Es darf jedenfalls nicht gleich nach der Verhandlung sein, einige Monate muß ich zuerst von daheim wegbleiben. Ich möchte zurückkommen, wie ich weggefahren bin – als ein Globetrotter.

In der Zeitung las ich ein Statement des früheren Premierministers Tunku Abdul Rahman. Er sprach sich über das Drogenproblem Malaysias aus und machte darin seinen Standpunkt klar, daß die Todesstrafe nicht gerechtfertigt sei. Im letzten Abschnitt des langen Berichts erklärt er seine Einstellung in bezug auf die Gesetze gegen Cannabis-Delikte: „Ganja (Haschisch) sollte man nicht in die Kategorie von Opium, Heroin und Kokain miteinbeziehen, es ist allgemein gebräuchlich in Asien, und ich finde, die Strafe steht in keinem Verhältnis zu dem Vergehen. Die Todesstrafe für Ganjahändler festzusetzen ist unfair und ungerecht. Ich kann mich erinnern, als ich in Islamabad (Pakistan) Golf spielte, daß die Ganja-Pflanzen um den Golfplatz wuchsen. Die wachsen dort wild und sind für jedermann erhältlich. Das Gesetz, das sich auf Drogenhandel bezieht, ist einseitig und muß noch einmal überdacht werden im Namen der Gerechtigkeit und der Humanität." Schade, daß dieser alte Mann nicht mehr Staatsoberhaupt ist. Er ist über 80 Jahre alt, wird aber immer noch sehr respektiert. Hoffentlich machen sich einige Leute Gedanken über die Aussage des Tunkus. Wenn sich die Einstellung der Leute verändert, ändert sich vielleicht auch das Gesetz.

Anfang dieser Woche wurde im High Court eine 69jährige Großmutter zum Tode verurteilt. Sie wurde vor ein paar Jahren mit 1 300 g Opium gefaßt. Ich sehe die alte Frau ab und zu, wenn sie Besuch bekommt und auf dem Weg zum Office am Hospital vorbeigehen muß. Auch sie wird im Gefängnis an eine Wärterin gekettet – die Vorschriften müssen eingehalten werden. (Sie wurde am 18. Mai 1987 im Bundesgerichtshof freigesprochen.)
Seit gestern abend denke ich über einen Spruch nach, den ich in der Bibel gelesen habe. Manchmal fühle ich mich persönlich angesprochen, gewisse Verse fallen mir direkt ins Auge, obwohl sie einem anderen Menschen nichts zu sagen haben. Möchte mir nicht Gott auf diese Weise etwas sagen? Ich bin mir über die genaue Bedeutung von Sacharja 8,16f. (Übersetzung aus der Living Bible) noch nicht ganz im klaren. Dort steht: „Das ist deine Aufgabe. Sprich die Wahrheit. Sei fair. Lebe mit jedem in Frieden ... Schwöre nicht auf etwas, was nicht wahr ist. Wie ich all diese Dinge hasse, sagt der Herr." Was will Gott mir damit sagen? Soll ich es wörtlich nehmen? „Sprich die Wahrheit." Wenn ich die Wahrheit sage, dann verurteilt man mich zum Tode. Wenn das wirklich Gottes Wille sein sollte, dann kann ich mich dagegen sowieso nicht wehren.
„Sei fair." Fairneß. Ist die Fairneß nicht das Wesen der Wahrheit? Wäre es fair, hingerichtet zu werden? Nein. Fair wäre, wenn ich möglichst bald freikomme. Das wäre auch fair meiner Mutter gegenüber, die sich solche Sorgen macht. Die Todesstrafe kann niemals fair sein, weil sie unmenschlich ist. Ich bin jetzt schon 33 Monate hier, das ist genug – mehr als genug – für das, was ich falsch gemacht habe.
„Schwöre nicht auf etwas, was nicht wahr ist." Das ist eindeutig. ‚Du darfst nicht lügen', ist damit gemeint. Die Beweise der Anklage sind aber so schwerwiegend, daß ich mich da, ohne zu lügen, nicht durchschlängeln kann. Vielleicht betrachte ich das ganze Problem etwas

zu logisch. Zu sehr möchte ich auf meinen eigenen Verstand vertrauen. Wo bleibt da mein Glaube an Gott und an seine Wunder? Wer an Gott glaubt, der darf nicht „aber“ sagen. Manchmal gibt es Dinge, die uns Menschen unverständlich und unlogisch erscheinen. Ich gehe davon aus, daß man mich zum Tode verurteilt und dieses Urteil später auch vollziehen wird, sobald ich die Wahrheit sage. Vielleicht entwickelt sich diese Sache aber auch ganz anders. Mit Gott ist nichts unmöglich, man muß bloß auf ihn vertrauen. „Kann es dein Wille sein, Herr? Soll ich die Wahrheit sagen?“, so bete ich oft. Ich habe eine wahnsinnige Angst, bei einer solch entscheidenden Frage einen Fehler zu machen. Wenn ich mich für die Wahrheit entscheiden sollte und ich werde daraufhin hingerichtet, und man findet heraus, warum ich nicht um mein Leben kämpfte, dann wird es heißen: „Die Christen sind verrückt oder lebensmüde.“ Ich trage also nicht nur die Verantwortung für mich und meine Familie. Ich habe gerade eben Jesus Christus meinen ganzen Fall übergeben. „Herr“, habe ich gesagt, „ich schaffe das nicht ohne dich. Übernimm du die Führung, du wirst sowieso mein Richter sein – warum dann nicht auch mein Rechtsanwalt? Ich weiß ganz einfach nicht, wie ich mich entscheiden soll. Es ist mir zuviel. Fälle du die Entscheidung für mich. Laß keine anderen Möglichkeiten mehr offen, lenke und leite die Dinge so, daß dein Wille geschieht. Ach übrigens – den Verhandlungstermin, den möchte ich dir auch überlassen. Du wirst schon den richtigen Zeitpunkt für mich aussuchen, ich bin überzeugt, daß es nicht zu früh und auch nicht zu spät sein wird.“

„Dieser Deutsche wird gehängt“

24. August 1986

Drei Monate. Ja, noch genau drei Monate muß ich auf die Verhandlung warten. Sie findet vom 24.-28. November statt. Das teilte mir Rajasingam heute morgen mit. Endlich ist es soweit.
Ich freue mich darauf, weil ich weiß, daß in wenigen Monaten eine Entscheidung fällt. Die Zeit der schlimmsten Ungewißheit ist dann vorbei, ich werde mir nach der Verhandlung endlich eine Vorstellung machen können, was mit meinem Leben geschieht. Vielleicht werde ich sogar völlige Klarheit haben ..., wenn man mich freispricht.
Hoffentlich wird uns die deutsche Presse keinen Strich durch die Rechnung machen. Über meinen Fall wurde letzten Monat ganz groß berichtet. In einigen Zeitungen war ich auf der Titelseite. Die „Bildzeitung“ prophezeite in fetten Buchstaben: „DIESER DEUTSCHE WIRD GEHÄNGT – am rollenden Galgen und wegen 239 g Hasch“. Und weiter wird berichtet: „Hier im Insel-Gefängnis von Penang wartet der Deutsche Frank Förster ... auf seinen Prozeß. Er weiß, daß man ihn zum Tode verurteilen wird. Er wird hängen am ‚rollenden Galgen‘ wie die beiden Australier vorgestern.“ – Rechts sieht man ein Bild von mir. Es wurde vor ein paar Jahren in der Jugendherberge auf der Loreley gemacht und zeigt mich beim Frühstück. Man kommentierte: „Kurz vor dem Start zur Weltreise: Frank Förster beim Frühstück.“ – Gleich darunter ein Bild von dem Henker Encik Latif, der eine Schlinge in der Hand hält. Auf Seite vier ist dann noch ein kleiner Artikel, das meiste davon entspricht nicht der Wahrheit. Ich war immer so naiv und glaubte, den Termin vor der Presse geheimhalten zu können, jetzt wird das kaum noch möglich sein.
Das Leben hier geht normal weiter. Es gibt ab und zu

kleinere Zwischenfälle, die uns etwas Redestoff geben. Ein Gefangener wird an seiner Platzwunde behandelt, weil ihm ein schlechtgelaunter Wärter den Stock über den Kopf schlug. Der fette Dorai verteilt andauernd Ohrfeigen an solche, die beim Duschen zuviel Waser nehmen. Der Officer Alias schlug einem Inder den Stock aufs Auge, so daß der Häftling einige Tage nichts sehen konnte.
Ich hole zweimal täglich heißes Wasser aus der Küche. Auf dem Weg dorthin beobachte ich Sergeant Rahim, wie er jedem Neuankömmling mit seinem Rotan 4-5mal auf den Kopf schlägt. Es ist wohl eine Art Willkommensgruß. Heute morgen war es wieder Alias, der einen kleinen Chinesen zusammentrat, nur weil er bei der Nationalhymne lächelte.
Morgen gehen der alte Malaye Omar und der Chinese Lau Hock Kean vor den High Court. In Omars Haus wurden vor drei Jahren 50 Pfund Opium gefunden.

Ich bin in einer Zwickmühle

24. Oktober 1986

Gestern hatte ich Besuch von Rajasingam und einem deutschen Anwalt, der in Singapore arbeitet. Heute morgen kam Herr Streitferdt ein zweites Mal. Wir führten eine lange Diskussion. Ich war mit der Verteidigungsstrategie nicht einverstanden. Ich bin es auch jetzt noch nicht. Irgendwie fühle ich mich überrumpelt. Verdammte Scheiße, warum muß dieser Fall nur so kompliziert sein? Es ist ganz egal, welchen Schritt ich unternehme, ich bin in einer Zwickmühle, was soll ich nur tun? In einem Brief schrieb ich, daß ich am liebsten auf

dem Mond wäre, um dort Steine auf die Erde zu werfen. Das spiegelt wohl am ehesten meine momentane Gemütsverfassung wider.
Gestern nachmittag händigte man mir einen Brief aus. Er ist von einem Menschen geschrieben, dessen Meinung ich respektiere. Bestimmt hat er das Gedicht „Von guten Mächten" von Dietrich Bonhoeffer nicht ohne Grund beigelegt. Darin heißt es:

Und reichst du uns den schweren Kelch, den bittern
des Leids, gefüllt bis an den höchsten Rand,
so nehmen wir ihn dankbar ohne Zittern
aus deiner guten und geliebten Hand.

Doch willst du uns noch einmal Freude schenken
an dieser Welt und ihrer Sonne Glanz,
dann wollen wir des Vergangenen gedenken,
und dann gehört dir unser Leben ganz.

Von guten Mächten wunderbar geborgen,
erwarten wir getrost, was kommen mag.
Gott ist mit uns am Abend und am Morgen
und ganz gewiß an jedem neuen Tag.

Es ist ein schönes Gedicht. Soll es mir vielleicht meine Entscheidung erleichtern? Die Zeile „so nehmen wir ihn dankbar ohne Zittern" ist unterstrichen. „Nimm jede Hilfe dankbar an, Frank", steht in dem beiliegenden Brief. Herr Streitferdt bietet mir seine Hilfe an, aber er kann meinen Gewissenskonflikt nicht verstehen. Andererseits glaube ich, wenn Gott nicht will, daß mir Herr Streitferdt hilft, dann hätte er ihn nicht hierher geschickt. Lee Kai scheint sich über solche Dinge keine Sorgen zu machen. Anscheinend hat er kein Gewissen. Vor zehn Tagen fand man an seinem Arbeitsplatz sieben Päckchen Heroin. Das sind ungefähr 70 g. Selbst nach einer Analyse müßten mindestens 25 g reines Morphium übrig-

bleiben. Die Officers entdeckten den Stoff unter einer Tischplatte, an der Lee Kai und zwei andere arbeiteten. Aber jeder wußte sofort, daß Lee Kai der Täter war, und so wurde er ins Tutop gesteckt. Nicht daß es ihm dort dreckig gegangen wäre wie den andern, Lee Kai wurde dort nur in seinem Bewegungsspielraum eingeengt. Nahrungsmittel wurden ihm täglich in Hülle und Fülle durch die Gitterstäbe geworfen. Sicherlich sah dabei so mancher Wärter in eine andere Richtung, um seine Geschäftsverbindungen mit dem Chinesen nicht aufs Spiel zu setzen. Nach einer Woche durfte Lee Kai wieder nach Halle A zurück. Er ließ nämlich seinen Rechtsanwalt rufen, und der stellte den Tuan vor die Alternative, daß man seinen Mandanten entweder zurückschicken sollte oder daß der Fall vor Gericht gebracht werden müßte, wobei man gleichzeitig die Frage klären würde, wie das Heroin ins Gefängnis kommt. Der Advokat wußte schon im voraus, wie sich der Tuan entscheiden würde.
Tony wurde auch letzte Woche wieder eingeliefert. Er war damals in Leongs Fall verwickelt und kam auch mit mehr Glück als Verstand mit fünf Jahren davon. Jetzt ist er schon wieder wegen Raubüberfalls angeklagt.
Die Sicherheitsvorschriften werden in naher Zukunft bestimmt strenger. Am 17. Oktober nahmen sechs Häftlinge aus dem Pudu-Gefängnis in Kuala Lumpur einen Arzt in ihre Gewalt. Sie wollten sich auf diese Weise einen Weg in die Freiheit erzwingen. Das Ultimatum der Häftlinge wurde von den Gefängnisbehörden immer weiter hinausgezögert, bis die sechs von einer Spezialeinheit überrumpelt wurden.

Eine kleine Spinne leistet mir Gesellschaft

31. Oktober 1986

Ich bin jetzt nicht mehr im Hospital. Ich bin in Zelle 148 in Halle C. Man hat mich heute mit 15 weiteren Gefangenen zurückgeschickt. Befehl vom Boß. Mr. Lee hätte mich sehr gerne dort behalten, aber er sagt, es sei nichts zu machen gewesen.
Diese Zelle hier ist halbdunkel, denn sie wird nur mit einer schwachen Birne beleuchtet. Es gibt kein natürliches Tageslicht. Der Boden ist uneben, zerklüftet und feucht, er trocknet nie aus, weil die Luft nicht zirkulieren kann. Die Fenster wurden zugemauert, nur zum Korridor gibt es eine kleine Öffnung. Meine Decken werden bestimmt die Feuchtigkeit des Bodens anziehen, mein Handtuch riecht jetzt schon muffelig. Ich bin alleine in dieser Zelle. Nein, nicht ganz, eine kleine Spinne leistet mir Gesellschaft. Ich nenne sie „Spider". Das Lesen fällt mir bei der schwachen Beleuchtung schwer. So bete ich. Ich gehe ein bißchen in der Zelle auf und ab und rede mit Jesus, als wenn er da wäre. Er ist da, das glaube ich. Ich erinnere mich an den ersten Brief an die Thessalonicher, Kapitel 5. Da heißt es:

„Freut euch zu jeder Zeit!
Betet ohne Unterlaß!
Dankt für alles, denn das will Gott von euch,
die ihr Jesus Christus gehört."

Also danke ich dem Herrn, daß er mich zurückgeschickt hat nach Halle C und daß ich in dieser feuchten, stickigen und schmutzigen Zelle sein darf. Ich bete für meine Rechtsanwälte, für meine Eltern, die Botschaft, Frau Klose, aber auch für den Richter und sogar für den Staatsanwalt und die Polizisten, die mich damals fest-

genommen haben. Früher habe ich sie gehaßt, heute kann ich das nicht mehr.
Es gibt im Moment nur einen Menschen, auf den ich stinksauer bin. Es fällt mir schwer, für ihn zu beten, obwohl er ein Christ ist. Es ist Chris, ein Eurasier, der seit knapp zwei Wochen im Hospital als Assistent arbeitet. Er machte einen sehr unschuldigen und naiven Eindruck, als ich ihn das erste Mal sah, aber vor wenigen Tagen ging er zum Tuan und verriet Bhun und Sun, weil er sie beim Heroinrauchen gesehen hatte. Ich hatte ihn vorher gewarnt. „Tu es nicht, Chris“, sagte ich zu ihm, „das gibt nur Scherereien. Kümmere dich besser um deine eigenen Angelegenheiten. Ich bin hier der Checker und kann die Situation besser abschätzen.“ Natürlich wußte ich, daß die beiden nachts hinter meinem Rücken den Drachen jagten. Solange sie keine Geschäfte damit machten, konnte ich es noch tolerieren, weil so die Wahrscheinlichkeit sehr gering ist, daß es einer der Officers erfährt. Vor einigen Monaten nahm ich Ang ein Päckchen weg und warf es in die Toilette. Sie wollten mich später dafür verprügeln, aber ich schlug zurück. Seitdem respektieren wir uns gegenseitig. Bhun, Sun und Ang sind bei ihren Sessions so vorsichtig, daß es niemand bemerkt, und ich halte mich dafür aus ihren Angelegenheiten raus. Sobald sich jemand beim Tuan beschwert, gibt es Ärger für jeden, denn dann wird oft auch nach Kleinigkeiten gesucht. Ausgerechnet in dieser heiklen Zeit ging Chris zum Tuan. Der Vorfall in Kuala Lumpur, der zu Strafverschärfungen führte, ist erst zwei Wochen her. So wurde jeder, der nicht ernsthaft krank war, zurückgeschickt.

Er war wieder voll „on Dope"

24. November 1986

Lee Kai und seine drei Freunde sind wieder auf freiem Fuß. Heute morgen fand die Berufung in Kuala Lumpur statt. Man bewilligte ihren Antrag, den Paragraphen zu ändern, und verurteilte sie zu sieben Jahren. Weil sie schon mehr als zwei Drittel der Zeit abgesessen hatten, konnten sie gleich nach Hause. Wegen dieses Verfahrens wurde meine Verhandlung um eine Woche auf den 1. Dezember verschoben. Ich bin schon lange nicht mehr in Zelle 148. Schon nach drei Tagen zog ich hoch in 183. Dort ist Wai, den ich noch von früher her kenne. Leider ist er vor einem Jahr der Sucht verfallen und jetzt unheimlich dünn. Der andere Zellengenosse ist ein Neuer. Er wurde mit seinem Freund beim Heroinkochen erwischt. Sie versuchten zwar, noch zu fliehen, aber die Polizei hatte das Haus umstellt. In dem Kochtopf fand man 25 Pfund Dope. Ich fragte ihn mal, ob es wirklich stimme, daß man bei der Zubereitung manchmal sogar Rattengift beimischt. „Ja", sagte er, „das ist richtig. Wir mischen öfter mal irgendwelche Chemikalien dazu und lassen es später von Süchtigen testen. Wenn das Zeug gut ist, dann verwenden wir es weiter."

Hier in Halle C hat sich einiges geändert. Seit einigen Wochen gibt es hier einen neuen Drei-Sterne-Officer, der für die Halle verantwortlich ist. Fünf Stunden am Tag sind unsere Zellentüren geöffnet, und wir können uns frei bewegen. Qui scheint diese Freiheit nicht allzusehr zu schätzen. Er wurde vor elf Tagen mit zehn Päckchen Butter erwischt, die er gegen Heroin tauschte, und wurde mit seinen Freunden ins Tutop geschickt.

Von Herrn Streitferdt werde ich an jedem Wochenende besucht. Es hilft mir sehr, daß es jemanden gibt, der sich für meinen Fall so engagiert. Ich habe seinem und Raja-

singams Plan der Verteidigung zugestimmt. Ich möchte jetzt nicht mehr darüber nachgrübeln, ob diese Entscheidung richtig ist oder nicht. Die Entscheidung ist gefallen. Wenn es nur um mein eigenes Leben ginge, dann hätte ich mich vielleicht anders entschieden, aber die Verantwortung meiner Familie gegenüber ist zu groß, und deshalb bin ich bereit zu lügen. Ich glaube nicht, daß es Gottes Wille ist, mich sterben zu lassen. Und deshalb bin ich mir ziemlich sicher, freigesprochen zu werden. Einfach war diese Entscheidung für mich trotzdem nicht. Ganz im Gegenteil, es ist mir noch nie etwas schwerergefallen. Ich gehe diesen Weg, im Glauben daran, daß Jesus Christus mir trotzdem beistehen wird. Er wird den Verstand und auch die Herzen aller Beteiligten lenken und leiten. Diese Geschichte wird deshalb ein glückliches Ende finden. Hätte ich Ihm nicht mein Leben anvertraut, so würde es mir sicherlich an dieser Zuversicht fehlen!
Als ich wieder einmal Besuch hatte, sah ich Imba Raja und Abdul. Sie befanden sich unter den Neuankömmlingen. Imba war erst zwei Wochen vorher entlassen worden. Diesmal wurde er für zehn Tage verknackt, weil er keinen Personalausweis dabeihatte. Natürlich war er wieder voll „on Dope". Abdul sah viel schlimmer aus. Immerhin hatte er es sechs Monate lang geschafft, draußen zu bleiben. Die ersten zwei Monate war er sogar clean. Aber dann fing er wieder an zu drücken. Ich hätte ihn nicht wiedererkannt, wenn er nicht meinen Namen gerufen hätte. Abdul war total abgemagert, sein Gesicht eingefallen, seine Haare waren lang, sein Körper dunkelbraungebrannt und dreckig und seine Fingernägel schwarz. Schon zum sechsten Mal sitzt er wegen Heroin im Gefängnis, deshalb wird er nach seiner Verurteilung die Nummer sechs auf seiner Uniform tragen. Es wird sicher nicht das letzte Mal gewesen sein.

Ich möchte wieder dazugehören

1. Dezember 1986

Ich bin müde. Es ist jetzt 17 Uhr. Vor einer halben Stunde kam ich vom Gericht zurück. Das war ein anstrengender Tag, obwohl ich fast die ganze Zeit nur sitzen mußte. Nur zwei Worte sagte ich während der Verhandlung. „Nicht schuldig", gab ich dem Gerichtsdiener als Antwort auf die Frage, ob ich mich schuldig bekennen wolle oder nicht. Man hatte mir vorher die Anklage vorgelesen, die Staatsanwaltschaft beschuldigt mich des Drogenhandels mit 239,7 g Haschisch.
Die Ereignisse des heutigen Tages habe ich noch nicht verarbeitet. Es war alles neu. Aber Hauptsache, es geht voran. Und eigentlich war es gar nicht mal so schlimm, wie ich es mir vorgestellt hatte.
Gleich heute morgen um 7 Uhr wurde ich von Halim zum Office begleitet. Die lange Warterei wäre mir ganz schön auf den Wecker gegangen, wenn mich nicht Tuan Kamaruddin hätte rufen lassen. So saß ich bei ihm im Office und trank einen Nescafé, nachdem ich meine Fingerabdrücke abgegeben hatte. Glücklicherweise hatte ich etwas Toilettenpapier dabei, die anderen, die darauf unvorbereitet waren, schmierten sich die Druckerschwärze in die Haare. Die anderen – das waren weitere 40–50 Häftlinge, die auch vor Gericht geladen waren. Es sind alles kleinere Fälle für das Magistratsgericht und das Sessions-Gericht. Ich bin der einzige High-Court-Fall, und so wurde ich getrennt von den andern in einem Ford-Bedford-Polizeiwagen zu dem Gerichtsgebäude gefahren. Die Fahrt dauerte ungefähr 15 Minuten. Ich genoß diese Fahrt, obwohl ich doch gespannt war auf das, was folgen sollte. Die Menschen auf den Straßen, die Bäume, die Autos, Motorräder und die vielen Häuser erweckten in mir erneut die Sehnsucht, wieder hier herauszukommen.

Ich möchte wieder dazugehören, wieder wie ein ganz normaler Mensch leben. Ein Teil von der Außenwelt zu sehen, war für mich ein herrliches Erlebnis. „Wie muß die Welt da draußen schön sein", dachte ich.
Die Sicherheitsvorkehrungen der Polizei waren schwach. Ich wollte nicht abhauen, aber es fiel mir eben auf. Ganz automatisch machte ich einen Plan, wie und wo man am besten die Wachmannschaft überfallen könnte, wieviel bewaffnete Leute man dafür brauchte und mit welchem Fahrzeug man danach am schnellsten verschwinden würde. Aber es war nur ein Gedankenspiel.
Vor dem Gericht warteten schon die Reporter. Es waren fast alles deutsche Presseleute, die dort auf mich lauerten. Mein Rechtsanwalt machte mir gestern noch den Vorschlag, ich solle in eine andere Richtung sehen, wenn die Fotos schießen wollen. Aber in welche Richtung soll man sehen, wenn man von allen Seiten fotografiert wird? Ich senkte meinen Kopf auf die Brust oder versuchte, mich hinter einem Polizisten zu verstecken, aber es hatte alles keinen Zweck.
Oben im Gerichtssaal war es kalt. Die Klimaanlage lief auf vollen Touren. Ich setzte mich auf die Anklagebank, doch auch da wurde ich andauernd belästigt. Es war nicht einfach für die Wachmannschaft, den Reportern klarzumachen, daß sie im Gerichtssaal nicht fotografieren dürften. Der Raum war groß, die hohen Decken waren in der Mitte durch mehrere Säulen abgestützt. Die Wände waren weiß, und gegenüber war das gewaltige Richterpult, in der Mitte standen die Tische für die Anwälte und links und rechts waren jeweils drei Reihen mit Bänken für die Besucher und die Reporter.
Außer den Polizisten und mir befand sich zunächst niemand mehr in dem Raum. Ab und zu ging die Tür einen Spalt auf, ich sah ein Objektiv und hörte das Klicken einer Kamera. Es war halb 9 Uhr. Eine halbe Stunde später sollte die Verhandlung beginnen. Nach und nach kamen meine Anwälte, der Staatsanwalt und die Besucher. Kurz

vor 9 Uhr war der Saal voll. Der Richter erschien in einer schwarzen Robe und hatte eine weiße Perücke auf. Sicherlich sollte das einen strengen Eindruck machen, auf mich wirkte dieser Mann, der über mein Leben entscheiden sollte, eher väterlich und gutmütig. Der Staatsanwalt war ein relativ junger, gutaussehender Malaye. Ich kann ihn aber trotzdem nicht leiden. Nicht nur, weil er die häßliche Aufgabe zu erfüllen hat, mich, wenn möglich, an den Galgen zu bringen, sondern weil er einen äußerst spießigen Eindruck auf mich machte. Dann erst fielen mir die Polizisten auf, die mich vor drei Jahren verhaftet hatten, es waren der Inder Bhupinder Singh und Corporal Yussof.
Sie werden die wichtigsten Zeugen der Anklage sein.

Totenstille im Gerichtssaal

3. Dezember 1986

„Na, Frank, wie ist es heute gelaufen?“ empfing mich eben mein 48jähriger Freund Robert. „Nicht schlecht, die beiden Polizisten und der Hotelboy waren im Kreuzverhör. Rajasingam ging ganz schön ran. Er ... Ach, Robert, ich erzähl' dir das später. Ich will mich erst mal umziehen und duschen. Die Verhandlung schlaucht mich ganz schön, obwohl ich bisher nur Zuschauer war.“ In den Shorts fühle ich mich wohler. Der Kragen des hellblauen Hemdes ist nach drei Verhandlungstagen schmutzig; ich will es heute abend noch waschen.
„Wie war's denn, erzähl' doch“, drängt der Chinese.
„Die drei Zeugen der Anklage hatten sich vorher abgesprochen. Zunächst sagten sie alle fast aufs Wort genau das gleiche aus, aber als Raja dann tiefer bohrte, stimm-

ten deren Aussagen glücklicherweise doch nicht mehr überein. Ob das Haschisch sich jetzt auf oder in meiner großen Reisetasche befand oder vielleicht nur in einer Seitentasche, ist total ungewiß."
„Das ist doch gut!"
„Klar ist das gut, Robert. Wenn wir es schaffen, so viel Verwirrung in diesen Fall zu bringen, daß der Richter nicht mehr weiß, was er glauben soll, dann muß er mich freisprechen. Rajasingam versteht sein Handwerk. ‚Sind Sie sich voll und ganz bewußt, daß Ihre Aussage über Leben und Tod dieses jungen Mannes entscheiden wird?' Das fragte er Bhupinder und später auch Yussof. Ich glaube, jeder fühlte sich da angesprochen, denn es herrschte Totenstille im Gerichtssaal."
„Und wie war das mit dem Hotelboy?" will Robert wissen.
„Der sagte, er hätte an der Tür gestanden und kaum etwas gesehen. Wahrscheinlich hatte er Angst."

Ich schaff' das nicht!

4. Dezember 1986

Auf einmal geht alles so schnell. Über drei Jahre habe ich sehnsüchtig auf die Verhandlung gewartet, und jetzt stecke ich mittendrin! Es ist vielleicht 18 oder 19 Uhr. Durch Halims Hilfe darf ich mich während der Zeit der Verhandlung wieder im Hospital aufhalten. Ich liege auf meinem Bett und versuche zur Ruhe zu kommen.
Aber ich schaffe es nicht. Ständig sehe ich den Ablauf des Prozesses vor Augen, ich sehe die Gesichter der aufdringlichen Journalisten, die Anwälte und die vielen Zeugen. Bum-ba, bum-ba, bum-ba – mein Herz schlug so laut,

daß ich es hören konnte, als mir Rajasingam sagte, man würde mich bald in den Zeugenstand rufen. Ich schaffe das nicht, ich bin zu aufgeregt, da fange ich bestimmt an zu stottern.

Das Protokoll wollte Staatsanwalt Bazain heute morgen vorlesen. Der Text würde mich belasten. „My Lord, dem Angeklagten Fosster wurde zweimal von Polizeibeamten die Ausweisung nach Deutschland versprochen, wenn er dieses Protokoll unterschreibt", begründete Raja seinen Einspruch. „Das ist unmöglich!" Bazain bebte. „Welcher Polizist hat das gesagt? Wir können das nachprüfen!"

„Duduk, Master!!!" Der Aufruf des Wärters, uns zum Zählen hinzusetzen, läßt mich aus meiner Gedankenwelt aufschrecken. „Duduk, mei, mei, mei duduk", so rufe ich die anderen Gefangenen zusammen. „Master, mei, mei cepat – beeilt euch!" Robert steht neben mir. Ich bestimme, wer sich in die Reihe setzen muß und wer stehen bleiben darf. „Warum hat man Frau Klose als Zeugin geladen, Frank?" fragt er.

„Na, sie hat doch damals das Statement übersetzt. Deshalb. Außerdem sagte sie noch aus, ich hätte den Eindruck gehabt, es handele sich nur um eine Formalität, um nach Deutschland geschickt zu werden. So, und jetzt muß Bazain erst einmal beweisen, daß es nicht so war. Das kann er gar nicht."

„Selamat Malam Tuan. Master 27 Banduan." Der Tuan nickt und geht still weiter. „Okay bangun – aufstehen!"

Ich sitze mit Robert auf dem Bett und bete: „Herr Jesus, schenke du mir doch bitte Ruhe und Gelassenheit, wenn ich im Zeugenstand stehe. Ich habe Angst davor, aber du kannst mir die Kraft geben." Der Chinese betet auch für mich. Es sind keine leeren Worte, die der Wind wegträgt. Unsere Bitten werden erhört. Daran glaube ich.

Der hartnäckigste Staatsanwalt in Penang

8. Dezember 1986, 17.30 Uhr

Ich bin froh, wieder im Gefängnis zu sein. Hier ist mir alles vertraut, ich kann mich entspannen. Robert zieht meine Ration unter seinem Bett hervor. Reis und Gemüse sind kalt, aber dafür bringt mir Herr Streitferdt in der Mittagspause oft etwas Leckeres in die kleine Zelle hinter dem Gerichtssaal. „Ich bin froh. Ich bin erleichtert."

„Erzähl'! Was war los?"

„Ich war im Zeugenstand. Es hat gut geklappt. Ich war so ruhig, obwohl mich Bazain ganz schön unter Beschuß nahm. Das schwerste war, einen naiven und unerfahrenen Eindruck zu machen und gleichzeitig die Strategie des Staatsanwaltes früh genug zu erkennen, um nicht in die Falle zu laufen. Die Antworten müssen dumm klingen und doch schlau sein."

„Paß auf bei Bazain", rät mir Robert, „er gilt als der hartnäckigste Staatsanwalt in Penang."

„Einmal hätte er mich beinahe in Verlegenheit gebracht. Und zwar wegen des Satzes: ‚Wenn du das Statement unterschreibst, wird man dich nach Deutschland deportieren.' Wir hatten vorher behauptet, daß ich größte Sprachschwierigkeiten hatte. Dennoch soll ich die beiden Wörter ‚statement' und ‚deportation' verstanden haben. So fragte er mich siegessicher, wie denn ‚statement' auf deutsch heißt. Herr Spannagel übersetzte. Ich tat so, als müßte ich überlegen und zählte dann auf: Aussage, Protokoll oder Schtatement.

‚Was?' Bazain riß seine Augen auf. ‚Schtatement???'

‚Es ist ein englisches Wort, das in der deutschen Sprache allerdings sehr geläufig ist', erklärte Spannagel. Bazain drehte sich zum Sekretär der deutschen Botschaft um.

Dieser nickte ernst. Dann kam Bazain mit seinem zweiten Trumpf. ‚Nennen Sie mir das deutsche Wort für ‚deportation'!'
Ich sagte: ‚Ausweisung.'
‚Bitte buchstabieren!'
Spannagel buchstabierte: ‚A-U-S-W-E-I-S-U-N-G.'
‚Gibt es noch andere Wörter?'
Ich ließ mir etwas Zeit, um die Spannung zu steigern, dann sagte ich: ‚Deportation.' – Du Robert, ich möchte nicht wissen, was in diesem Moment in Bazain vorgegangen ist.
‚Buchstabieren Sie dieses Wort!!'
Noch bevor Spannagel zu Ende war, drehte sich der Anwalt um. Der Vertreter der Botschaft nickte zustimmend."
Robert klopfte mir auf die Schulter: „Praise the Lord – Dank sei dem Herrn!"

Wenn die alle ihren Mund gehalten hätten ...

25. Dezember 1986

Nach dem kurzen Hospitalaufenthalt bin ich wieder in Halle C. Die Verhandlung wurde auf den 12. Januar vertagt.
Weihnachten. Es wird das letzte Mal im Gefängnis sein. Mittlerweile bekam ich viel Post aus Deutschland. Die scheinen in den Zeitungen einen riesigen Wirbel zu machen. Die meisten Leute, die mir schreiben, sind mir unbekannt. FRANK FÖRSTER, JUSTIZVOLLZUGSANSTALT, PENANG, MALAYSIA. Die Post kommt an. Täglich erscheinen Artikel über den Verlauf des Ver-

fahrens in den Zeitungen. Aber im Gegensatz zur deutschen Presse wird hier objektiv über meinen Fall berichtet. Ich nutze die Gelegenheit und erzähle den Briefeschreibern von Jesus. Was werden die wohl von mir denken, wenn sie das lesen? Was werden die andern von mir denken? Diese Frage hat der Teufel erfunden. Es soll uns nur abhalten, die frohe Botschaft weiterzusagen. Wenn Betty nicht gewesen wäre ... wenn Johnny nicht gewesen wäre ... wenn Bob nicht gewesen wäre und Mr. Jansson, wenn die alle ihren Mund gehalten hätten, wie hätte ich denn jemals den wahren Sinn der christlichen Botschaft erfahren können? Ja, es ist sogar unsere Pflicht, allen Menschen, die nach Gott fragen, unsere Erfahrungen mitzuteilen.

Geld oder Leben?

14. Januar 1987, 14 Uhr

„Hey Frank, was ist los, du kommst ja schon zurück?" fragt mich mein alter Freund Krishnasami, mit dem ich früher oft stundenlang im Korridor auf und ab gegangen bin und laut geträumt habe von Ausbruch, Freiheit und Reisen. Sein Handtuch hängt über der Schulter; es ist Duschzeit in Halle C. „Die Verhandlung wurde schon wieder vertagt auf übermorgen. Und nur, weil dieser Ochsenfrosch die eidesstattlichen Versicherungen nicht schicken will."

„Wen meinst du mit ‚Ochsenfrosch'?"

„Den Anwalt von Jochen und Jürgen. Der Typ heißt Koslowski; er hat einen Vertrag an Herrn Streitferdt gefaxt mit dem Zusatz: ‚Wenn Sie diesen Vertrag nicht unter-

schreiben, sind die eidesstattlichen Versicherungen nur noch einen Schuß Pulver wert.'"
„Und was steht in diesem Vertrag?" fragt Sami.
„Geld", antworte ich, „es geht um Geld. Viel Geld und alle möglichen Rechte, falls ich zukünftig an irgend einem Interview etwas verdienen sollte."
Hoffentlich macht uns Koslowski keinen Strich durch die Rechnung. Der zweite Teil der Verhandlung lief bis jetzt sehr zufriedenstellend.

Wir haben es geschafft!

16. Januar 1987

Sami sitzt neben mir auf der Treppe vor dem Sabut. Wir beobachten den Inder Kalli beim Haareschneiden. Einige Häftlinge stellen sich an. Sein Rücken ist tätowiert mit buddhistischen Schriftzeichen, die auf seiner dunklen Haut kaum zur Geltung kommen. Ich höre die Stimme des Checkers von Halle B: „Satu, dua, tiga ..." Die bekommen nur zehn Schüsseln Wasser zum Duschen. Der dicke Tan Fook stößt mich an und fragt: „Orang Puteh, how are you?" Und der kleine Ah Jong grinst und ruft: „Tekok! Tekok!" (Deutscher! Deutscher!)
„Wo warst du letzte Nacht?" fragt Sami. „Wir dachten schon, du bist frei."
„Ich mußte im Polizeirevier pennen wegen des Ortstermins. Der Richter wollte sich unser Zimmer im Swiss-Hotel bei Dunkelheit ansehen, weil ich nachts festgenommen wurde. Danach war es eben zu spät, um mich hierher zu bringen."
„Du siehst müde aus."
„Du kennst doch das Lock-up besser als ich, Sami. Wie

soll man denn schlafen bei Neonlicht, Moskitos, Ratten, einer stinkenden Toilette, Kakerlaken und noch dazu ohne Decke?!"
„Und sonst?" will er wissen.
„Fünf Tage. Nur noch fünf Tage, und dann bin ich frei. Stell dir vor: Edgar Joseph unterbrach Bazain in seinem Plädoyer, als der Anwalt sagte, meine Geschichte sei unglaubwürdig. ‚Es kommt nicht darauf an, ob die Geschichte glaubwürdig klingt oder nicht, sondern ob berechtigte Zweifel auftreten, die die Schuld des Angeklagten in Frage stellen. Das allein ist ausreichend für einen Freispruch.' Die Zweifel sind da. Wir haben es geschafft!"

Er meint dich!

29. November 1988

Ich sitze hier in der Frankfurter Wohnung von Jörg Streitferdt. Wir sind gute Freunde geworden. Malaysia ist weit weg, und doch erscheint es mir manchmal so nah. Aber ich habe keine Alpträume oder Schweißausbrüche, wie ich heute noch oft in manchen Artikeln lesen kann. Intelligente und dennoch zu bemitleidende Journalisten schreiben das, weil es bei den Lesern gut ankommt.
Es war nicht mein Ziel, zu schreiben, was „gut ankommt". Jesus kommt sehr selten gut an, denn er war bzw. ist für die meisten Menschen ein unangenehmer Zeitgenosse. Dieses Buch ist nicht nur eine dramatische Geschichte aus dem fernen Asien. Ich will zeigen, daß Gott eingreift, wenn man nach ihm ruft.
Merkst du, daß Jesus auch dich meint?
„Ich bin der Weg, die Wahrheit und das Leben. Niemand

kommt zum Vater denn durch mich" (Joh. 14,6). Das behauptet Jesus von sich selbst. An ihm kommt niemand vorbei. Auch du nicht. Du kannst wie der ungläubige Thomas auf die Knie fallen und bekennen: „Mein Herr und mein Gott!" (Joh. 20,28), oder du mußt bereit sein, mit den andern laut zu rufen: „Kreuzige ihn! Kreuzige ihn!" Du mußt dich entscheiden, denn: „Wer nicht mit mir ist, ist gegen mich" (Mt. 12,30).
Eine Stelle aus meinen Tagebuchaufzeichnungen möchte ich berichtigen. Das Wesen der Wahrheit ist nicht die Fairneß. Es war nicht fair, daß Jesus am Kreuz starb. Er nahm die Schuld auf sich, weil er uns liebt und weil er weiß, daß wir die Schuld nicht bezahlen können. Wir stehen vor Gott mit leeren Händen. Wäre ich der einzige Mensch auf der ganzen Welt, und hätte ich nur einmal in meinem Leben gelogen, dann wäre Jesus für mich gestorben.
Eine Notlüge ist und bleibt eine Lüge. Und Lüge ist Sünde. Meine Lüge vor dem High Court in Penang habe ich als Sünde vor Gott erkannt und bekannt und bin mir der Vergebung Gottes gewiß.

Nachwort des Strafverteidigers

Der aufsehenerregende Strafprozeß gegen Frank Förster vor dem High Court of Penang begann am 1. Dezember 1986 und endete am 21. Januar 1987 mit einem Freispruch für den Angeklagten.
Einzelrichter Edgar Joseph war nach insgesamt 13 Verhandlungstagen zu der Überzeugung gelangt, daß Staatsanwalt Bazain Idris Frank Förster zu Unrecht als Drogenhändler nach Paragraph 39 B des malaysischen Betäubungsmittelgesetzes angeklagt hatte und ordnete dessen sofortige Freilassung aus der über 3 Jahre währenden Untersuchungshaft an. Noch in der folgenden Nacht verließen wir Georgetown in Begleitung von Botschaftsrat Sausen und überquerten in den Morgenstunden des 22. Januar 1987 per Taxi bei Haadyjai die Grenze nach Südthailand.
„The judicial Process in the Foerster case is over", kommentierte Lordrichter Tan Sri Abdul Harun den Fall gegenüber der malaysischen Presse. Noch nicht abgeschlossen jedoch war der von einem Teil der deutschen Presse gegen Frank Förster geführte Medienprozeß – „Trial by media", wie der englische „Observer" in einem Bericht hierzu kritisch anmerkte.
Bereits fünf Monate vor Beginn der Hauptverhandlung in Georgetown eröffnete Deutschlands größtes Massenblatt „Bild" die Berichterstattung über Frank Förster mit der Balkenüberschrift: „Dieser Deutsche wird gehängt", und stellte zugleich auch „Malaysias lachenden Henker Encik Latif" und seinen „rollenden Galgen" den erschreckten Lesern vor.
Der Sensationsjournalismus witterte Blut und schäumte von diesem Zeitpunkt an über mit Gruselgeschichten aus dem fernen Malaysia.
Es folgten Berichte und ganze Serien in der Regenbogenpresse mit Titeln wie: „Im Schatten des Galgens"; „Der

Henker muß noch warten"; „Der Henker zeigt immer ein Lächeln", garniert mit Jugendfotos von Frank Förster zusammen mit Bildern der Leichen der beiden hingerichteten Australier, Henkern und Hinrichtungsstätten.

Aber auch das Nachrichtenmagazin „Der Spiegel" machte ungeprüft Anleihen im Gruselkabinett seines proletarischen Wahlverwandten „Bild" und beschrieb seinen Lesern detailstark den Henker bei der Verrichtung seines blutigen Handwerks:

„Encik Latiff führte die zwei jungen Leute die Treppe zur Ladefläche seines Lastwagens hinauf. Er ließ erst den jüngeren auf die Falltür treten, stülpte ihm eine Kapuze über den Kopf und legte ihm eine Schlinge um den Hals. Dann nahm Encik dem anderen Delinquenten, einem Gehbehinderten, die Krücken ab und machte ihn fertig zur Hinrichtung. Einige Sekunden später waren Kevin John Barlow aus Perth und Brian Geoffrey Chambers aus Sydney tot. 122 weitere Verurteilte warten derzeit in den Todeszellen darauf, daß Malaysias lachender Henker Encik Latiff mit seinem rollenden Galgen auf einem Lastwagen vorfährt."

Dabei hätten den eilends nach Penang eingeflogenen „Spiegel"-Schreiber schon bei dem Namen des Scharfrichters erhebliche Zweifel befallen müssen, da im Malaysischen das Wort „Encik" kein Name, sondern die gebräuchliche Anredeform „Herr" ist.

Rechtzeitig vor Urteilsverkündung beeilte sich dann „Bild"-Autor Franz Joseph Wagner in der vorletzten Folge der Förster-Serie „Hängen sollst Du unter Palmen ..." auch „stellvertretend für meinen Kollegen" zu berichtigen, daß es in Malaysia den durch den deutschen Blätterwald geisternden lachenden Henker Encik Latif nicht gäbe, ebensowenig wie den ominösen rollenden LKW-Galgen. Verbittert schrieb Frank Förster aus seiner Zelle an seine Heimatzeitung „Rheingau-Echo": „Warum machen Journalisten solche Sachen? ... Manchmal glaube ich, diese Leute wollen wirklich, daß ich hin-

Presseschlagzeilen zum „Fall Förster" (Ausrisse)

gerichtet werde, damit sie ihre Henker- und Galgenstories groß herausbringen können."
Die Verteidigung hatte schon vor Prozeßbeginn die sensationslüsterne und oft mit chauvinistischen Untertönen geführte Kampagne der australischen Presse um Barlow und Chambers vor Augen, die deren einzige Chance einer Begnadigung durch Malaysias König, nach Expertenansicht, zunichte gemacht hatte. Zwar hatten wir die Zusicherung des Auswärtigen Amtes und der Botschaft in Kuala Lumpur, alles zu tun, um mäßigend auf die deutschen Pressevertreter einzuwirken, doch machten wir uns keine Illusionen, daß allein moralische Appelle an die Boulevardpresse etwas bewirken könnten. Die Strategie der Verteidigung war es deshalb, die kommerzielle Begehrlichkeit der Boulevardpresse an der exklusiven Verwertung der Förster-Story gezielt zu wecken und einzusetzen im Austausch gegen Zurückhaltung und Fairneß bei der Prozeßberichterstattung. So boten wir schon vor Prozeßbeginn unserem gefährlichsten publizistischen Gegner, der „Bild-Zeitung", diese Rechte per Telex an, unter der Voraussetzung, daß „... Sie uns ein unwiderrufliches Einspruchsrecht hinsichtlich der Prozeßberichterstattung durch Ihre Reporter vor Ort einräumen, was den Komplex der Entlastungszeugen der Verteidigung angeht". Auch anderen Blättern stellten wir die Exklusivrechte nach Prozeßende in Aussicht für den Fall einer die journalistischen Sorgfaltspflichten beachtenden Berichterstattung. Wir verfolgten dabei keinerlei kommerzielle Interessen, wie behauptet wurde, vielmehr waren unsere Bemühungen ausschließlich davon bestimmt, zu verhindern, daß die Prozeßchancen von Frank Förster durch präjudizierende Presseberichte gefährdet würden.
So konnten wir nach dem Freispruch auch getrost auf das traumhafte Angebot von „Bild" in Höhe von DM 150 000 für die Exklusivrechte verzichten. Der Versuch der Verteidigung, die Boulevardpresse durch die Inaussichtstellung von Exklusivrechten zur Mäßigung und Rücksicht-

nahme zu bestimmen, muß allerdings als gescheitert angesehen werden.

„Es war der Presse egal, was mit Frank Förster und dessen Angehörigen passierte", bemerkte treffend ein Kommentator im ARD-Fernsehen nach dem Freispruch zu dieser Art der Presseberichterstattung.

Am meisten fürchteten mein indischer Kollege Rajasingam und ich die vorverurteilende Berichterstattung, insbesondere irreführende und falsche Behauptungen zum Tatgeschehen und zu Tatumständen vor und während des Prozesses. Wir hatten Informationen, daß den malaysischen Behörden regelmäßig Presseberichte deutscher Publikationen in englischer Übersetzung zum Falle Förster zugingen. Die Folgen einer präjudizierenden Berichterstattung in einem Sensationsprozeß beschreibt der erfahrene Strafverteidiger Prof. Hans Dahs so:

„Die Boulevardpresse ist für die Rechtsfindung eine große Gefahr. Dabei werden die Beteiligten rücksichtslos ‚zwischengenommen'. Die Sache wird bis zur Unkenntlichkeit entstellt. Der verderbliche Einfluß derartiger unseriöser Publikationen auf das Gericht, insbesondere auf die Laienrichter, aber auch auf Zeugen und sonstige Prozeßbeteiligte ist unübersehbar."

„Bild" hatte bereits am 9. Juli 1986 berichtet, daß Frank Förster das in seiner Reisetasche gefundene Haschisch in Indien für DM 200 erworben habe, um es in Australien mit Profit zu verkaufen. Eine Woche vor Prozeßbeginn sekundierte die Illustrierte „Stern" mit der Behauptung, er habe in einem polizeilichen Vernehmungsprotokoll als Eigentümer der 239,7 g Haschisch gestanden. Damit hat „Stern" von allen betroffenen Publikationen die zynischste und menschenverachtendste Haltung gegenüber dem mit dem Tode bedrohten Frank Förster an den Tag gelegt. Diese Zeitschrift, die regelmäßig das Schicksal gesellschaftlicher Randgruppen beklagt, war trotz inständiger Appelle der Verteidiger nicht dazu bereit, auf den Abdruck dieser Passage in ihrem Vorprozeßbericht „Der

Mann, dem der Galgen droht" zu verzichten, deren Veröffentlichung nicht nur den Tatbestand des „criminal contempt of court" nach malaysischem Recht erfüllte, sondern die Vorverurteilung und Hinrichtung von Frank Förster zur Folge gehabt hätte, wäre sie dem Gericht bekannt und für nachweislich wahr erachtet worden.

„Wenn Malaysia Försters Recht auf einen fairen Prozeß respektiert", sagte Rajasingam empört zu dem ARD-Korrespondenten Scharlau in einem Interview, „dann müßte auch die deutsche Presse imstande sein, sich bis zum Urteil zurückzuhalten und unsere Prozeßordnung zu respektieren. Wenn nicht, dann leidet ein Mann darunter: Frank Förster."

Malaysias Strafprozeßrecht, das sich an dem englischen Recht orientiert, geht von dem Grundsatz aus, daß ein Angeklagter bis zum gesetzlichen Nachweis seiner Schuld als unschuldig gilt. Auf eine Vorverurteilung hinauslaufende Stellungnahmen vor und während des schwebenden Verfahrens, insbesondere die Veröffentlichung eines außerhalb des Gerichtssaals abgelegten Geständnisses, sei es nun wahr oder auch nicht, gelten in Malaysia als schwere Mißachtung des Gerichts („criminal contempt of court") und werden mit Geld- oder Freiheitsstrafe geahndet.

Dies soll gewährleisten, daß Richter und andere Prozeßbeteiligte unbefangen und unbeeinflußt durch die Massensuggestion der Medien dem Angeklagten im Prozeß gegenübertreten können.

Im Gegensatz zu den 15 bis 20 in Penang anwesenden deutschen Journalisten und ihrem nach Millionen zählenden Leserpublikum hatte Richter Edgar Joseph, als er am 1. Dezember 1986 die Hauptverhandlung vor dem High Court eröffnete, keinerlei Kenntnis von den Ergebnissen des polizeilichen und staatsanwaltschaftlichen Ermittlungsverfahrens oder der Person des Angeklagten. Allein auf die im Gerichtssaal zutage tretenden Erkenntnisse

und Informationen dürfen Malaysias Richter sich bei ihrer Entscheidungsfindung stützen.
Zwei umstrittene und wohl prozeßentscheidende Fragen, um die Staatsanwalt und Verteidigung miteinander rangen, mußten vom Gericht geklärt werden:
1. Befand sich das Haschisch *„in"* oder *„auf"* der gelben Reisetasche von Frank Förster, als Polizeiinspektor Bhupinder Singh in der Nacht des 20. November 1983 in das Zimmer 48 des Swiss-Hotel stürmte, das Frank Förster mit zwei weiteren Reisebegleitern bewohnte?
2. Durfte das von Inspektorin Annie Wong aufgenommene polizeiliche Vernehmungsprotokoll, das Frank Förster am 22. November 1983 unterschrieben hatte, als Beweismittel zugelassen werden?
Schon vor Prozeßbeginn hatten deutsche Zeitungen sich die Version der Polizei zu eigen gemacht und behauptet, die 239,7 g Haschisch seien *in* der Reisetasche von Frank Förster sichergestellt worden.
Wäre Richter Joseph dieser Ansicht gefolgt, hätte er Frank Förster zwangsläufig zum Tode verurteilen müssen. Der „Dangerous Drugs Act" stellt nämlich allein auf den Besitz einer bestimmten Mindestmenge von Drogen ab, um Handelsabsichten zu unterstellen. Wäre nun das Haschisch in einem dem Angeklagten gehörenden – wie die Juristen sagen – umschlossenen Behältnis gefunden worden, dann wäre nach den strengen Beweisregeln des malaysischen Prozeßrechts der Besitz des Rauschgifts durch Frank Förster zwingend nachgewiesen. Die widersprüchlichen und im Kreuzverhör mehrmals wechselnden Aussagen der Polizei- und Hotelzeugen in der Beweisaufnahme ergaben dann keinerlei Anhaltspunkte hierfür, sondern bestätigten vielmehr die Tatsache, daß das Haschisch *auf* Frank Försters Reisetasche liegend gefunden wurde.
Nachdem Staatsanwalt Bazain mit dem Besitznachweis gescheitert war, versuchte er nunmehr Frank Förster durch das polizeiliche Vernehmungsprotokoll vom

22. November 1983 zu überführen und beantragte dessen Zulassung als Beweismittel vor Gericht. Auch hierzu wußte noch vor Prozeßbeginn eine Illustrierte zu berichten, daß Frank Förster sich dort als Eigentümer des Rauschgiftes bekannt hatte. In dem sich daran anschließenden mehrtägigen „trial within the trial" gelangte Richter Joseph zu der Überzeugung, daß das Vernehmungsprotokoll rechtswidrig zustande gekommen und als Beweismittel unzulässig sei, da Frank Förster durch Polizeibeamte verleitet worden war, Aussagen zu machen, und ihm für diesen Fall die Deportation in die Bundesrepublik in Aussicht gestellt wurde. Ohne Rechtsbeistand und wohl auf baldige Abschiebung vertrauend, hatte Frank Förster der Polizeiinspektorin Annie Wong eine frei erfundene, ihn aber gleichfalls belastende Geschichte erzählt und das Protokoll unterschrieben.
Das vom Gericht verfügte Verwertungsverbot des Vernehmungsprotokolls ließ uns aufatmen. Dies war ein erster Etappensieg über die Staatsanwaltschaft – wenn auch nur nach Punkten.
Auch im zweiten Prozeßabschnitt, der traditionell dem Vorbringen der Verteidigung gehört, wußten wir oft nicht, wen wir mehr zu fürchten hatten: Staatsanwalt Bazain oder seine ungebetenen Hilfsorgane, die deutschen Boulevardjournalisten.
Da die Aussagebereitschaft der Entlastungszeugen auch von der Wahrung ihrer Anonymität in der Öffentlichkeit bestimmt wurde, erließ das Gericht auf Antrag der Verteidigung hin eine sogenannte Gag-order, die den Medien die Namensnennung der Entlastungszeugen untersagte.
Dessen ungeachtet wurden in der Bundesrepublik deren Namen veröffentlicht, mit der Folge, daß ein journalistisches Kesseltreiben gegen die Zeugen einsetzte. Selbst am Arbeitsplatz wurden sie bedrängt, gegen beträchtliches Honorar Vorabinformationen und Interviews zum Tatgeschehen zu geben, obwohl diesen Journalisten klar

war, daß damit das Gewicht der Aussagen im Verfahren zunichte gemacht würde.
Auf der Suche nach Sensationsmeldungen ging ein Boulevardblatt so weit, sich die ärztlichen Behandlungsunterlagen eines Zeugen zu beschaffen, in der trügerischen Hoffnung, diesen dann seinem Leserpublikum als Heroinabhängigen präsentieren zu können. Mit oft schon fast kriminellen Methoden versuchten Journalisten an Beweismaterial (Reisefotos von Förster) und Verteidigungsakten heranzukommen, vertrauliche Telefongespräche der Verteidigung abzuhören und durch gezielte Verleumdungen in Penang die vertrauensvolle Zusammenarbeit der Anwälte untereinander zu zerstören.
Gegendarstellungen der Verteidigung, aber auch der Zeugen, ja selbst von Förster aus seiner Zelle geschriebene Leserbriefe gegen verleumderische und seine Prozeßchancen beeinträchtigende Behauptungen fielen allesamt der Hauszensur dieser Presseorgane zum Opfer.
Rajasingam, einer der brillantesten Strafverteidiger und Parlamentsabgeordneten Malaysias, den Freunde wie Gegner wegen seines Engagements bewundernd den „Fighting Bull of Penang" nennen, sagte resignierend gegenüber dem „Observer" und dem „Star": „Die Schwierigkeiten seitens der Presse nehmen derart überhand, daß ich in Zukunft drogenverdächtige Europäer nicht mehr verteidigen kann. Am schlimmsten waren die Deutschen, gleich gefolgt von den Australiern. Mit einer solchen Presse würden meine Mandanten noch vor dem Urteilsspruch getötet."
Nachdem Malaysias Behörden freies Geleit für Försters Reisebegleiter abgelehnt hatten und auch Staatsanwalt Bazain es ablehnte, beide Zeugen in der Bundesrepublik zu vernehmen, brachte die Verteidigung deren Aussagen im Rahmen von eidesstattlichen, von dem Botschafter Malaysias legalisierten Versicherungen in den Prozeß ein. Mit der gerichtlichen Zulassung dieser Erklärungen als

vollgültiges Beweismittel hatten wir die letzte große Hürde in diesem Strafverfahren genommen.
Den Freispruch von Frank Förster kommentierte der ARD-Korrespondent Winfried Scharlau so: „Frank Förster hat im Kreuzverhör ausgesagt, er hätte mit dem gefundenen Haschisch nichts zu tun gehabt. Der Richter hat sich von Frank Förster überzeugen lassen und betont, daß der Freispruch auch ohne die eidesstattlichen Versicherungen der Reisebegleiter ergangen wäre. Richter Joseph hat sich durch die Aussagen der Freunde allerdings in seiner Einschätzung des Tathergangs bekräftigt gefühlt. Die vor dem malaysischen Botschafter in Bonn vereidigten Aussagen haben also eine gewichtige Rolle gespielt. Es wäre eine Verhöhnung des malaysischen Rechtssystems, sie jetzt nach dem Freispruch zu entwerten. Wieviel Souveränität und Gerechtigkeitssinn gehören dazu, einem Fremden, einem jungen Rucksacktouristen, mehr zu glauben als einem Inspektor der eigenen malaysischen Polizei? Das Rechtssystem Malaysias, das fähig war, zwei Australier zu verurteilen und hinzurichten, war ein Jahr später auch imstande, einen Angeklagten freizusprechen, über dessen Schuld der Richter vernünftige und berechtigte Zweifel hegen konnte."
In seiner Urteilsbegründung stellte Richter Edgar Joseph fest, daß die Aussagen der beiden Reisebegleiter zur vollkommenen Entlastung von Frank Förster von der Anklage des Drogenhandels beigetragen hätten. Richter Edgar Joseph hat den Prozeß fair und sachlich geleitet. Für sein weises und gerechtes Urteil gebührt ihm höchste Achtung.

Rechtsanwalt Dr. Jörg Streitferdt

Frank Förster heute: „Mein neues Leben ist unverdientes Glück“

„Träumst du manchmal noch von jener sieben Quadratmeter kleinen Drei-Mann-Gefängniszelle auf der malaysischen Insel Penang, wo du wegen angeblichen Drogenbesitzes drei Jahre lang die drohende Todesstrafe vor Augen hattest?“
Frank Förster, dessen dramatischer Drogenprozeß weltweites Aufsehen erregt hat (Freispruch am 21. 1. 1987), antwortet mir überraschend: „Erstaunlicherweise plagen mich keine Alpträume. Selbst in der Nacht vor der Urteilsverkündung bin ich abends um zehn eingeschlafen und erst wieder am andern Morgen um sechs aufgewacht.“
Er besinnt sich einen Augenblick und sagt völlig unpathetisch: „Wenn ich zum Tode verurteilt worden wäre, hätte ich vielleicht in der darauffolgenden Nacht genauso gut geschlafen.“
Mir kommt ein passendes Bibelwort in den Sinn: „Den Seinen schenkt's der HERR im Schlaf“ (Psalm 127,2). Der bibelkundige Extodeskandidat würde wohl lieber mit dem Apostel Paulus antworten: „Ich bin gewiß, daß weder Tod noch Leben mich von Gottes Liebe scheiden kann“ (Römer 8,38).

Auf der Kanzel in der Auferstehungskirche in Mainz

Der inzwischen 26jährige Frank hat mich zu einem Sonntagsgottesdienst in der Mainzer Auferstehungskirche eingeladen, die er seit einem Jahr regelmäßig besucht.
Der evangelische Gemeindepfarrer Schöne erzählt mir: „Vor der versammelten Gemeinde hat Frank an einem Abend seine Lebensgeschichte erzählt – völlig unbefangen, schlicht und doch überzeugend, ohne missionari-

schen Übereifer und mit einer Prise Humor. Im Mittelpunkt stand seine Auseinandersetzung mit der Sinn- und Gottesfrage im Gefängnis, seine beglückende Begegnung mit Christen in- und außerhalb des Gefängnisses, die ihm nach anfänglichem Widerstand einen Zugang zur Bibel und zu Gott verschafften. Die meist älteren Skeptiker ließen ihre Vorurteile fallen, als Frank von seinen heutigen Glaubenserfahrungen in seinem Alltag berichtete. Sein persönliches Verhältnis zu Jesus und der Erfahrungsaustausch mit andern Christen ist für den fröhlichen Wanderer im Augenblick wichtiger als die Bindung an eine christliche Konfession. Er wird schon seine Entscheidung treffen."

Nur widerwillig läßt Frank sich mit dem Pfarrer im Altarraum fotografieren – er will keine fromme Schau abziehen.

Auf Traumhonorare von 150 000 Mark verzichtet

An seinem Buch „Angst ist schlimmer als der Tod" hat er drei Monate lang oft Tag und Nacht geschrieben; spannend, hilfreich und zugleich unterhaltsam formulierte Tagebuchaufzeichnungen aus dem malaysischen Gefängnis. Warum hat Frank den verlockenden Exklusiv-Vertrag eines großen Verlages (Honorar DM 150 000) ausgeschlagen, zumal er noch 30 000 Mark Prozeßkosten bezahlen mußte? Der 46jährige Dominikanerpater Anatol, der Frank kleine redaktionelle Hilfestellungen gab, antwortet mir: „Als Frank aus Malaysia zurückkam, gewann er den Eindruck, daß die Leute nicht das hören wollten, was ihm wirklich am Herzen lag. Nämlich seine Gotteserfahrung. Davon wollte die Sensationspresse nichts wissen."

Wie oft habe ich Frank sagen hören: „Die Leute wollen immer nur wissen, ob das auf meiner Reisetasche gefundene Haschisch mir gehört habe." Dazu könne er mit

Frank Förster und seine Mutter

Frank Förster als Jugendwart
bei einer Rheinwanderung seines Turnvereins

Rücksicht auf seine Fürsprecher nur soviel sagen, daß er kein Unschuldslamm sei.
Försters Reisegefährten, die nach seiner Festnahme fluchtartig Malaysia verlassen hatten, erklärten in einer eidesstattlichen Versicherung, die 239 Gramm Haschisch von einem Nepalesen gekauft und auf Försters Reisetasche gelegt zu haben. Nur fünf Tage nach Försters Freispruch widerriefen sie ihre Falschaussage in einer großen Illustrierten und kassierten dafür 50 000 Mark.

Die Förster-Familie in Hallgarten

Nach dem Gottesdienstbesuch lotst mich der umsichtige Globetrotter zu seinem Heimatort Hallgarten im Rheingau, wo ich nicht zum erstenmal die harmonische Atmosphäre in seinem gemütlichen Elternhaus genieße.
Besonders stolz ist Frank auf seine 88jährige Oma, die mal wieder ein schmackhaftes Mittagessen zubereitet hat. Über die grausame Gefängniszeit ihres Enkels spricht sie ungern. „Ich hab' ihm doch das Beten abends am Kinderbett beigebracht", sagt sie. „Wie konnte er nur Atheist werden und aus der Kirche austreten?"
Natürlich freut sie sich jetzt über sein festes Gottvertrauen und sein soziales Engagement. „Er soll sich nur nicht mehr aufladen, als er kann." Hoffentlich bleibe er als ehemaliger Häftling nicht für immer gebrandmarkt.
Sein 52jähriger Vater, ein tüchtiger Kfz-Mechaniker, informiert mich: „In der letzten Woche ist wieder ein 34jähriger Schneider in Malaysia zum Tode verurteilt worden." In diesem Jahr (1988) seien vorher bereits 18 Angeklagte an den Galgen geschickt worden.
Zur Kirche gehe er nicht und könne Franks Glaubenserfahrungen auch nicht nachvollziehen. „Aber ich wundere mich, wie er das alles weggesteckt hat und ein anderer Mensch geworden ist."
Unvergeßlich ist für Franks temperamentvolle Mutter die aufregende Reise in das 15 000 Kilometer entfernte

Gefängnis auf der malaysischen Insel Penang im April 1984: „Als Frank mich sah, stand er da wie versteinert und hat mich ganz scheu angeguckt." Genauso peinlich sei es für ihn gewesen, als er sich erst zwei Wochen nach seinem Freispruch nach Hause geschlichen habe, um dem Reporterrummel zu entgehen.

„Frank hat sich nie als Held gefühlt", betont sein Vater. Und seine Mutter verteidigt Franks Zeitungs- und Fernsehinterviews: „Wenn er den oft lästigen Reportern Fragen beantwortete, wollte er klarstellen: ‚Ich bin anders, als mich die Sensationspresse darstellt.'"

Ein Freundschaftsbrief

Inzwischen ist Olaf gekommen, Franks bester Freund. Der 26jährige Ingenieurstudent möchte mir lieber schriftlich über Frank Auskunft geben. Eine Woche später erhalte ich einen siebenseitigen, großformatigen Brief, in dem ich u.a. lese:

„Mit Frank verbindet mich eine 15jährige Freundschaft. Wie oft sind wir mit unsern Hunden durch die nahegelegenen Rheingau-Wälder herumgestreift. Meine Eltern haben ein großes Obstgrundstück, auf dem eine alte Holzhütte steht. Dieser Ort ist für uns wie ein Paradies gewesen. Wir hatten eine herrliche Jugend. Ich war sehr traurig, als Frank im Sommer 1983 auf die große Reise ging. Als ich von seiner Verhaftung erfuhr, bin ich mit einer Flasche Wein ins Holzhäuschen gefahren und habe nur geheult; ich fühlte mich so machtlos. – Wir haben uns immer geschrieben.

Vor dem Wiedersehen hatte ich Angst, aber es war ein überwältigendes Gefühl. Seine christlichen Aktivitäten konnte ich zuerst nicht begreifen. Über dieses Thema haben wir früher nur gelächelt. Wir hatten ganz andere Sachen im Kopf. Zuerst wollte ich ihn testen und stellte Fragen zum Leistungsstreß, Überlebenskampf bis hin zur Sexualität. Seine biblisch begründeten, aber auch

realistischen Antworten haben mich beeindruckt. Wenn wir heute durch die Weinberge ziehen, genießen wir nicht nur die schöne Natur, sondern versuchen auch, gemeinsam unsere Probleme zu lösen und neue Kräfte zu sammeln.
Frank ist geduldiger und auch toleranter gegenüber Andersdenkenden geworden, auch wenn er seine festen Grundsätze hat ... Früher wäre er nie allein durch den Wald gegangen. Heute zeltet er schon mal allein am Waldesrand.
Seitdem ich angefangen habe, mir über Gott Gedanken zu machen, bekommt mein Leben einen Sinn. Darüber kann ich mich auch mit meiner Freundin unterhalten. Wenn Frank sich weiterhin an seinem christlichen Glauben orientiert, wird er alle Prüfungen meistern."

„Ich bin kein frommer Verrückter"

Während ich Frank in seinem Zimmer gegenübersitze und seine lebenslustigen, klugen Augen studiere, denke ich an seinen Ausspruch: „Ich bin jetzt kein frommer Verrückter, der dauernd mit der Bibel herumläuft, sondern ein Mensch mit Schwächen und Hobbys." Mein Blick fällt auf große und kleine Hanteln, die er zur Morgengymnastik benutzt. Jeden Freitagabend spielt er Volleyball.
Stolz ist er auf seine Tätigkeit als Jugendwart in seinem heimatlichen Turnverein, dem er seit 20 Jahren angehört. Für die Sechs- bis Sechzehnjährigen organisiert und leitet er außerhalb der Übungsstunden Wanderungen, Wochenendfreizeiten, Besuche im Schwimmbad und demnächst auf der Eislaufbahn.
Beruflich möchte der Großhandelskaufmann gern weiterkommen. Wichtig ist für den zielstrebigen Christen, Gottes Führung für seinen Lebensweg zu erkennen. Jeden Morgen nimmt er sich in aller Frühe eine halbe

Stunde Zeit, um – wie im Gefängnis – Gottes Wort auf sich wirken zu lassen und ein freies Gebet zu sprechen.
„Wie sieht das praktisch aus?" frage ich ihn.
Frank: „Neulich hatte ich einen Auffahrunfall mit leichtem Blechschaden. Ich war an einer bestimmten Stelle mal wieder zu schnell gefahren. Am nächsten Morgen lese ich in meiner fortlaufenden Bibelbetrachtung Offenbarung 3,19: ‚Wen ich liebhabe, den weise ich zurecht. Macht also Ernst und kehrt um.' Diese Mahnung war für mich wie ein Fingerzeig Gottes." Jeden Montag trifft er sich mit andern Christen in einem überkonfessionellen Bibelkreis, „wo wir uns über Lebens- und Glaubensfragen austauschen, dabei die Bibel zum Maßstab nehmen."

Gemeinschaftserlebnis

In der Auferstehungskirche hat Frank mir drei Bibelkreisteilnehmer vorgestellt, die ich um ihre Meinung über ihn bitte.
Eine 22jährige Großhandelskauffrau denkt an Franks diesjährige Islandreise, wo er in Kirchen und Jugendclubs mit jungen Menschen ins Gespräch kam. „Früher hätte er sich bloß gedankenlos an den Strand gelegt. Heute möchte er neben seinem Ferienspaß auch noch was Sinnvolles tun."
„Mir fällt auf", sagt ein 28jähriger Krankenpfleger, „daß Frank es mehr und mehr lernt, jeden Menschen, auch seine Mitarbeiter in der Firma, so anzunehmen, wie sie eben sind."
Eine 34jährige Chemielaborantin schätzt besonders seine Disziplin. Man könne sich auf ihn im Bibelkreis verlassen.
„Warum pflegst du diese Gemeinschaft?" möchte ich wissen.
Er bringt einen Vergleich: „Wo ein Haufen glühender Kohlen beieinanderliegt, spendet er Wärme. Sobald aber

eine glühende Kohle mit der Grillzange danebengelegt wird, erkaltet sie. Wenn ein Christ seinen Glauben ohne Gemeinschaft praktiziert, wird er irgendwann scheitern."

Diesen christlichen Lebensstil hat er im Gefängnis mit chinesischen Mithäftlingen praktiziert. Unterwiesen hat sie vor allem die amerikanische Missionarin Betty bei ihren Gefängnisbesuchen.

Frank reicht mir ihren letzten Brief, datiert vom 19.4.88. Da heißt es u.a.: „Frank, ich bin mit Dir voller Vertrauen, daß Gott Dich weiterhin Schritt für Schritt führen wird. Halte Dich an SEIN Wort, lebe für ihn Tag für Tag, hab' Gemeinschaft mit andern Christen, und vergiß nicht, welche großen Dinge er in Deinem Leben getan hat ..."

Fixer: „Sowas macht mir Mut"

„Wenn der Frank heimkommt von der Arbeit und was gegesse hat, geht er ruff in sei Stubb. Dann werde die Brief durchgelese und beantwort", höre ich seinen Vater sagen.

Bis heute vergeht kaum ein Tag ohne Fanpost und Sorgenbriefe. Der gutaussehende, modisch gekleidete Junggeselle, der wohl mal zu heiraten und nicht ins Kloster zu gehen gedenkt, zeigt mir freudestrahlend den Brief einer Neunzehnjährigen aus dem Aschaffenburger Raum, die ihm öfters ihre „schlimmen Probleme" geschildert habe, nun aber wahnsinnig glücklich sei; denn Gott habe ihr einen Menschen geschickt, der sie aus ihrer Hoffnungslosigkeit herausgeholt hat.

Eine Achtundsechzigjährige, die sein Buch „Angst ist schlimmer als der Tod" gelesen hat, fragt, woher er angesichts des drohenden Todes solche Glaubens- und Hoffnungskraft bekommen hat: „Als morgens im Radio Ihr Freispruch bekanntgegeben wurde, habe ich vor Freude geweint."

Ein 28jähriger Fixer aus Mannheim, der seit acht Jahren

an der Nadel hängt und über Haschisch zu Heroin gekommen ist, bedankt sich für Franks Umkehr zu Gott im Gefängnis: „Sowas macht mir Mut. Ich würde auch gern so leben wie Sie, aber ich habe nicht mehr die Kraft dazu."

Bundespräsident Richard von Weizsäcker hofft, daß sein Buch viele interessierte und nachdenkliche Leser finden möge, und übermittelt seine besten Wünsche für die Zukunft.

„Hinter jedem Brief verbirgt sich ein anderes Lebensschicksal und fordert mich zur Stellungnahme heraus", bemerkt mein sympathischer (griechisch: sympathein = mitleiden) Gesprächspartner, dessen verantwortungsbewußte und positiv-kritische Lebenshaltung ich zunehmend bewundere.

Beim Abschied stehen wir vor seinem elterlichen Haus, das die Förster-Familie mit vereinten Kräften (Frank hat noch einen zwei Jahre jüngeren Bruder) zur Zeit renoviert. Es wird noch schöner. Mir fällt wieder Psalm 127 ein, diesmal nicht Vers 2 („Den Seinen schenkt's der Herr im Schlaf"), sondern Vers 1: „Wenn der Herr nicht das Haus baut, so arbeiten umsonst, die daran bauen." Je länger sich Frank von Gottes Wort und Geist „renovieren" läßt, desto attraktiver wird er für seine Mitmenschen.

Das Holzkreuz von Schwester Helene

Ich fahre durch die winkelige Brunnengasse in Richtung katholische Kirche, aus der Frank als 17jähriger Atheist ausgetreten ist.

„Hätte Frank nicht gleich wieder nach seiner Rückkehr in diese Kirche gehen müssen?" frage ich eine Woche später die katholische Ordensschwester Helene, die Frank als „fröhlichen Jungen" während seines Zivildienstes im benachbarten Kinderdorf Marienhöhe schätzen gelernt hat.

„Seine anfängliche Zurückhaltung finde ich weiser, als wenn er gleich wie ein Held zurückgekommen wäre: ‚Schaut mal, ich bin Christ geworden'", meint sie. Im übrigen würde Gott sein Reich nicht nur in der katholischen Kirche bauen.
Vor seiner abenteuerlichen Reise habe sie ihm ein winziges Jerusalemer Kreuz geschenkt, das er in seinem Portemonnaie aufbewahren sollte: „Jedesmal, wenn Du es aufmachst und es siehst, erinnerst Du Dich vielleicht daran, was mir Christus bedeutet. Er hat unsere Schuld am Kreuz getragen und vergeben."
Aus dem Gefängnis habe er ihr dann geschrieben: „Sie sind für mich nicht mehr bloß die ‚Schwester Helene', sondern ‚meine geistliche Schwester in Christus'; denn ich bin jetzt auch ein Christ geworden."
„Wissen Sie", bemerkt sie, „ich bin ein nüchterner Mensch und als Seelsorgerin im Strafvollzug tätig. Das klang mir ein bißchen zu schwärmerisch."
Im Laufe ihres dreijährigen Briefwechsels jedoch seien ihre anfänglichen Zweifel umgeschlagen in tiefe Dankbarkeit über sein festes Gottvertrauen trotz mancher Ängste und Anfechtungen.

„Gott schreibt auf krummen Linien gerade"

Während der Heimfahrt aus dem verträumten Winzerdorf Hallgarten am Rhein fallen mir die „merkwürdigen" Worte von Pfarrer Schöne in der Auferstehungskirche ein: „Frank ist aufgebrochen zu einer leichtsinnigen und eigenwilligen Asienreise, die Gott aber umfunktioniert hat zu einer Pilgerreise, von der er als neuer Mensch, beschenkt von Gott mit bleibender Sinnerfüllung über den Tod hinaus, heimgekehrt ist."
Gott schreibt manchmal auf krummen Linien gerade. Auf die stets wiederkehrende Frage, ob er seinen Freispruch denn nun als Gerechtigkeit oder als Gnade emp-

finde, antwortet Frank: „Es ist Gnade, unverdientes Glück."

*

Stellvertretend für viele schreibt ein namenloser Autor in einer Rezension zu Försters Buch „Angst ist schlimmer als der Tod" im Münchener Buchmagazin:
„... Ich kann nicht sagen, warum und wieso, aber es war in jenen Monaten, als ihm der Prozeß gemacht wurde, daß ich nachts in meinem Bett lag und nach vielen, vielen Jahren eines überzeugten Atheismus Gott im Gebet bat, diesem Förster zu helfen. Eine bis dahin nicht gekannte Freude und innere Zufriedenheit stieg in mir auf, je stärker mein Glaube an Gott und mein Vertrauen in seine mächtige Barmherzigkeit wurde. Es mag Frank Förster komisch anmuten, aber er bzw. sein Fall hat mir geholfen, meinen Weg zu Gott zu finden."

Günther Klempnauer